CB129316

Empoderamento Feminino em Ação...

Eu quero ajudar as mulheres
a chegarem ao topo das Empresas

Este livro pretende ajudar as mulheres a progredirem na sua carreira de líderes, embora também não faça nada mal aos homens se o lerem, pelo contrário!

Copyritgh@2024 by Maria João Antunes

Todos os direitos desta edição reservados à Qualitymark Editora Ltda.

É proibida a duplicação ou reprodução deste volume, ou parte do mesmo, sob qualquer meio, sem autorizção expressa da Editora.

Direção Editorial	Capa e Diagramação
SAIDUL RAHMAN MAHOMED editor@qualitymark.com.br	**RODRIGO BARBOZA**

Ilustrações	Supervisão Técnica
LOJA DAS CARICATURAS	**QUALITYMARK**

CIP-BRASIL. CATALOGAÇÃO NA PUBLICAÇÃO
SINDICATO NACIONAL DOS EDITORES DE LIVROS, RJ

A643e

Antunes, Maria João
Empoderamento feminino em ação : eu quero ajudar as mulheres a chegarem ao topo da empresas / Maria João Antunes. - 1. ed. - Rio de Janeiro : Qualitymark, 2024.
216 p. ; 23 cm.

Inclui bibliografia e índice
ISBN 978-85-414-0437-2

1. Mulheres - Condições sociais. 2. Mulheres - Empoderamento. I. Título.

24-88096 CDD: 305.42
CDU: 141.72

Gabriela Faray Ferreira Lopes - Bibliotecária - CRB-7/6643

2024
IMPRESSO NO BRASIL

Qualitymark Editora Ltda.
Rua Carlos Machado, 155 / Sala 207 - Polo
Cine e Video - Jacarepaguá
CEP: 22775-042 - Rio de Janeiro - RJ

www.qualitymark.com.br
E-mail: sac@qualitymark.com.br
Tels.: (21) 3597-9055 / 3597-9056
WhatsApp - 21 981989843

MARIA JOÃO ANTUNES

Empoderamento Feminino em Ação...

Eu quero ajudar as mulheres a chegarem ao topo das Empresas

Este livro pretende ajudar as mulheres a progredirem na sua carreira de líderes, embora também não faça nada mal aos homens se o lerem, pelo contrário!

QUALITYMARK

APRESENTAÇÃO

É com imenso prazer que faço a apresentação desta obra tão bem elaborada com o olhar atento da Maria João, colocando o poder feminino com as diferentes dimensões da mulher profissional, revestida de competência e sensibilidade.

Sou de uma geração de líderes mulheres da década de 80, quando nas reuniões de diretoria eu era a única no meio de muitos líderes homens. Ouvia-se frases como: "cuidado com o que vai dizer" ou "seu cargo exige viagens e você é mãe". Certo dia, um juiz do trabalho pediu uma reunião comigo e fui recebê-lo no elevador da empresa. Ao chegar, ele me disse: "Preciso falar com o seu chefe". E, diante da incredulidade dele, eu disse: "A Chefe sou eu".

Considero importante destacar que nesse processo cultural do reconhecimento do trabalho da mulher no mundo corporativo temos um papel de contribuir chamando a atenção para o nosso papel educador. Ainda existem conceitos errôneos que nós mulheres trazemos de séculos, reforçando essa valorização de gênero, no caso, o masculino.

Virgina Wollf, ativista londrina do século XIX, a favor do espaço da mulher na sociedade, chama a atenção para esse processo cultural errôneo ao dizer: "as mulheres serviram todos estes séculos como espelhos, possuindo o poder de refletir a figura do homem duas vezes maior que seu tamanho natural".

Outro cuidado é com os extremos, como o que ouvi de uma política brasileira mulher dizendo: "Mulher vota em mulher". De jeito nenhum. Mulher vota em quem é competente para cumprir as demandas de que uma cidade ou um país necessita, independentemente do gênero. Isso precisa ficar claro para que não façamos movimentos pró-liderança feminina excludentes e carregados de conceitos errôneos.

A mulher ocupará o espaço que a espera pela competência adquirida em sua jornada profissional e pela sensibilidade tão característica que torna os ambientes corporativos mais humanos, valorizando a qualidade de vida e trabalho.

A Maria João reforça essa necessidade de a liderança feminina conhecer o seu propósito e contribuir para este momento global para um mundo mais justo, igualitário e inclusivo.

Somos as escolhas que fazemos. Queremos, como mulheres, protagonizar a história ou preferimos ficar à margem dela?

Leyla Nascimento, CEO do Grupo Capacitare e VP de Relações Internacionais da ABRH Brasil e Membro do Board da WFPMA – World Federation of People Management Associations.

PREFÁCIO

Pedro Ramos
CEO Keeptalent Portugal
Ex Presidente da APG/ Associação Portuguesa de Gestão de Pessoas

Bem-vindos ao maravilhoso Mundo da Liderança Feminina!

Ou seria bem-vindos e bem-vindas ao universo do Empoderamento Feminino?

Seja como for... Bem-vindos e Bem-vindas...

Eu gosto especialmente desse conceito de Empoderamento Feminino, bem mais do que de Liderança Feminina. Sabem por quê? Essencialmente porque acredito (mesmo) que a liderança não tem sexo.

Quem disse que eu seria "politicamente correto" logo num prefácio de uma obra sobre liderança feminina? Não prometi... mesmo que tivesse prometido, não cumpriria e pronto!

Acredito que o que marca o sucesso de uma liderança não é o género, mas sim a ação, a inspiração, a relação dialética entre confiar e ser confiável.

Porém, também acredito que, tal como na vida em geral, somos sempre mais bem-sucedidos quanto mais diverso e poderoso é o ambiente à nossa volta. Se conseguirmos juntar e gerir pessoas todas diferentes, mais completa é a nossa ação, mais eficaz e verdadeira será a nossa atuação.

Ora, aqui entram, sem dúvida, os temas do "empoderamento feminino". Empoderar é dar poder a alguém. Ser empoderado é ter recebido o poder de alguém ou de um todo que nos ajuda a crescer e desenvolver, ajudando-nos a cimentar e multiplicar esse mesmo poder.

Há, dessa forma, aqui um tema forte... o "tema da oportunidade" de ter ou de vir a ter poder... Historicamente, gerações e gerações de líderes e lideranças organizacionais não foram produzindo meios, oportunidades, para que líderes Mulheres pudessem ser empoderadas para poderem exercer a tal liderança inspirada e inspiradora que eu (pouco simpaticamente, assumo!) continuo a achar que não deve ter sexo.

Homens e Mulheres... qualquer que seja o género... devem ter as mesmas oportunidades para poderem trazer o brilho, o calor, a emoção, a partilha, a dedicação ao mundo das empresas, exercendo e usando o tal empoderamento em doses significativas de energia e construção coletiva.

Esta é, sem dúvida alguma, a base da diversidade cognitiva que tanto me apaixona nos meus estudos e nas minhas práticas. Ser diverso implica mais do que aceitar a diversidade como uma realidade comum, mas também estimular e ajudar a construir um mundo de oportunidades similares para que cada pessoa possa trazer a cor e o valor para o mundo das organizações cada vez mais feitas de Pessoas e de relacionamentos positivos e construtivos.

Esse mundo do empoderamento feminino faz, assim,

todo o sentido... falar-se dele, criar-se meios para a sua emergência... chamar a atenção para a necessidade de todos podermos ter o mesmo ponto de partida numa estória de liderança, para que cada um seja merecedor do seu ponto de chegada.

Como fazer? O que fazer? Como ajudar a fazer? Estas são as questões às quais a Maria João Antunes (que tem quilómetros em ajudar mulheres, apesar de nem sempre partirem do mesmo ponto de partida, a conseguirem chegar à meta da realização pessoal e profissional...) responde de forma segura, sincera e serena! Estes são os três "Ss" desta obra:

Segura, porque informa, apoia, aponta caminhos já traçados por outras mulheres nesses percursos de crescimento e desenvolvimento e empoderamento;

Sincera, porque a Maria João traz a sua experiência pessoal e fá-la crescer em conjunto com outras mulheres, noutros contextos e muitas genuínas aprendizagens;

Serena, pois é uma obra que não abre conflitos, não lança confusões, apenas assegura com assertividade e muito carinho que há caminho e caminhos para quem os quer caminhar...

Assim, queridos Leitores e queridas Leitoras... disfrutem de algumas páginas com enormes ensinamentos, quilos de emoção e muitas doses individuais de aprendizagem.

Boa leitura e melhores aprendizagens!

Rui Coelho da Silva
Diretor, PalConsulting/Coordenador da Pós-Graduação de Inteligência Artificial para Negócios da Universidade Europeia

"Maria João, devias de escrever um livro."

Há mais de uma década que repito essa afirmação incontáveis vezes. Conheço a Maria João há muitos anos. Foi a sua equipa que me recrutou para Sonae.com em 1999, onde foi minha Diretora de Recursos Humanos durante dois anos. Desde então, nunca mais trabalhei com ela, mas conheci o seu passado e acompanhei a sua carreira, vi-a crescer!

Não que a Maria João não fosse já "grande", mas vi o mercado a reconhecer-lhe o valor e cada vez mais empresas a atribuírem-lhe cargos de maior relevo em que lhe era permitido fazer trabalhos cada vez mais impactantes. Isso é algo sobre o qual vale a pena todas as pessoas refletirem: a grandeza de uma profissional é algo intrínseco, está dentro de si, mas só nos apercebemos dela quando as empresas lhes prestam tributo e os humanos com recursos sentem o seu impacto.

Como sempre trabalhei na área da consultoria, frequentemente chegavam-me ecos do seu trabalho, iniciativas, prémios, desafios duros que superava. As empresas onde a Maria João trabalhou são o tipo de empresas que surgem nos jornais e nas revistas de gestão para o bem e para o mal. E a Maria João é daquelas pessoas que vale a pena "manter debaixo de olho", assertiva, perspicaz, com uma compreensão, avaliação e resposta rápida face aos acontecimentos, e sempre, sempre com um enorme respeito pelo outro e uma forte componente humanista.

Não evoluiu na carreira preocupada com as barreiras com que se poderia deparar, ou com receio do que lhe poderia impedir o caminho para a vitória. Cada dificuldade era apenas mais uma tarefa que tinha de executar de forma eficiente.

Quanto a mim, a Maria João passa neste livro dois dos seus "superpoderes-chave", que não sei se tem consciência que possui:

a) "Não estar minimamente preocupada com poder ser alvo de discriminação!";

b) "Focar-se no essencial, deixando o acessório!".

Nesta obra, a Maria João presenteia-nos com uma abordagem prática e abrangente para ultrapassar os desafios que muitas mulheres enfrentam na sua caminhada para o topo. Fornece estratégias e insights valiosos para superar barreiras, construir confiança e desenvolver habilidades de liderança essenciais. Isso tudo comprovado na primeira pessoa, numa época em que consegui-lo era ainda mais difícil, pois foi uma das profissionais que abriu caminho, não só para as mulheres na Gestão de Topo como também para uma disciplina de gestão, até então desconhecida de muitos e que chegava muitas vezes a ser pouco respeitada.

A Maria João construiu não um, mas sim dois caminhos: o das mulheres na Alta Gestão e o da Gestão de Recursos Humanos como ferramenta crucial nas organizações.

Este livro, escrito por uma verdadeira líder em Recursos Humanos, é uma homenagem à força, resiliência e capacidade das mulheres de conquistar o topo da liderança.

Parabéns, Maria João, por este trabalho excecional, que certamente iluminará o caminho para um futuro mais igualitário e diversificado na liderança.

Ana Mendes Godinho

Ministra do Trabalho Solidariedade e Segurança Social

XXIII Governo Constitucional Português

A igualdade entre Mulheres e Homens é um imperativo básico de Sociedade

A luta pela igualdade entre Mulheres e Homens é um conceito desafiante porque implica a necessidade de luta por um imperativo básico e óbvio.

A simples proclamação da igualdade não basta, pois não resolve séculos de cultura enraizada de segregação de funções, de vivências e de espaços.

A luta é mesmo necessária, porque não se trata, apenas, de uma questão de tempo. Precisamos de agir com convicção. De acelerar a mudança.

Muitas Mulheres na História mostraram a sua determinação na afirmação e participação no espaço público e no espaço social.

Desde a Rainha D. Leonor, fundadora das Misericórdias, a todas as Leonores que têm estado na base de instituições do setor social, heroínas tantas vezes invisíveis que colocam o serviço aos outros à frente das suas próprias vidas.

Desde Carolina Beatriz Ângelo, médica e republicana que batalhou pelo direito a votar, a todas as lutadoras, tantas delas anónimas, que ajudaram a que da noite e do silêncio emergisse o dia inteiro e limpo – aquele dia de Abril que nos reconheceu a todas cidadania, igualdade e direitos.

A igualdade não é uma utopia.

É um imperativo de uma sociedade melhor.

Uma sociedade que tem coletivamente conseguido eliminar barreiras e desigualdades no mundo do Trabalho, mas que ainda tem muito por conquistar.

Temos de acelerar para mudar mentalidades e culturas enraizadas, sob pena de desperdiçarmos o potencial da diversidade.

Com a Agenda do Trabalho Digno, demos, em 2023, mais um passo para forçar a real partilha entre Mulheres e Homens nas responsabilidades parentais e para combater todas as formas de discriminação, com novas licenças parentais que só estão disponíveis se ambos os Pais as gozarem.

Assumimos também a gratuitidade das creches (que num ano, desde setembro de 2022, já abrangeu mais de 85 mil crianças, ultrapassando as expetativas iniciais) como instrumento que permite libertar as Mulheres para uma participação em igualdade de oportunidades no mundo do trabalho.

Esta é uma causa coletiva, feita de muitos contributos individuais, como o de Maria João Antunes, cujo testemunho é importante e inspirador.

Ao partilhar a sua longa experiência em cargos de gestão e liderança, mostra-nos que não há impossíveis.

Um testemunho que é, também, uma mensagem de confiança e um desafio para muitas Mulheres.

Porque a Sociedade só será melhor quando dela fizermos inteiramente parte.

AGRADECIMENTO

Quero deixar por escrito um agradecimento do fundo do meu coração aos meus pais, pelos valores que me transmitiram, de respeito por todos, de solidariedade para com os outros, de amizade, de honestidade e de estar grata por aquilo que tenho. Os meus pais lutaram para que a família pudesse ter uma vida condigna. Tive uma infância feliz, com paz e amor e isto é tudo o que uma criança e uma jovem precisa para que se possa tornar numa adulta feliz!

Um agradecimento ao meu marido que nunca me colocou obstáculos nas minhas decisões profissionais. Proporcionou-me disponibilidade para estudar à noite, nunca levantou qualquer questão quer pelas pesadas cargas horárias quer pelas diversas viagens profissionais. Um reconhecimento pelo trabalho que fez como pai tomando conta da nossa filha desde bebé, pois fiquei grávida no 1º ano de faculdade. Trabalhava de dia e estudava à noite.

Um muito obrigado à minha filha Mafalda por nunca me ter cobrado as ausências em casa durante a sua infância e por ter reconhecido o meu esforço profissional.

Reconhecida também a 2 jovens, ao Rui Coelho por sempre me ter dito de forma insistente, diga-se, que eu deveria escrever, diz ele não 1, mas 3 livros. Ficamos por aqui Rui! E também ao meu amigo Pedro Ramos pela ajuda que recebi e pelo incentivo que também me deu há já uns anos sobre o mesmo tema, escrever um livro.

Por último a minha gratidão para os responsáveis pelos testemunhos, que sem hesitarem aceitaram o meu desafio para vos deixar as suas partilhas pessoais, com um único objetivo, poder Inspirar-vos! Como entendo que este é um tema que também precisa da ajuda dos homens eles não poderiam ficar de fora.

PRÓLOGO

Desde há alguns anos a esta parte que me vinham dizendo, Maria João devias escrever um livro, como atrás referi, o Pedro e o Rui, curiosamente 2 homens! Devo dizer que o facto de me ter inscrito num curso de marketing digital, de certa forma também potenciou esta minha vontade.

Por todos estes fatores a ideia foi amadurecendo e conforme ia escrevendo ia-me entusiasmando cada vez mais.

Comecei a questionar-me, porque não? afinal eu fiz uma carreira em ascensão, cheguei à administração de uma empresa e fiz parte da Direção Geral de outras.

Porque não partilhar a minha experiência, deixar o meu legado para ajudar outras mulheres a chegarem ao topo e a não desistirem.

Agora que o livro está escrito e que espelha a minha vivência ao longo de 37 anos de vida intensa de trabalho, espero que seja útil a quem o posso ler! No final foram mais de 25 anos em posições de gestão e de topo.

Há cerca de 8 anos decidi valorizar-me como coach, e mais tarde especializar-me em liderança feminina. Sou mentora e adoro ajudar os outros a alcançarem os seus objetivos. Acho que esta minha vocação está no meu ADN.

Procuro neste livro dar às mulheres ferramentas para que

sem "medos" possam trilhar o seu caminho de sucesso!

Vou contar a minha estória profissional e de como cheguei ao topo.

Achei interessante que este livro tivesse um enquadramento científico sobre as diferenças cerebrais entre os sexos e escolhi uma neurocientista britânica porque me identifiquei com a sua pesquisa e conclusões.

Entendi que era importante partilhar o enquadramento histórico da luta das mulheres ao longo dos anos. Porquê? Porque considero que o conhecimento faz parte da nossa evolução. Sendo este um livro sobretudo dedicado às mulheres é muito importante que conheçam um pouco a luta que tem sido travada pela causa da igualdade ao longo dos séculos.

Depois sim, passamos para as ferramentas que eu considero serem importantes para apoiar as mulheres na sua ascensão.

Este livro pretende ajudar as mulheres a evoluírem no seu caminho da liderança, de preferência a chegarem ao topo. Não obstante, acho importante referir que felizmente existem muitos homens, que aliás aqui quiseram deixar o seu contributo, que também se preocupam com a falta de equidade de género na liderança e que lutam pela causa.

Espero que gostem, foi feito com muita paixão, apenas com a intenção genuína de poder ajudar a "quebrar o teto de vidro" - o chamado "glass ceiling" e a alcançar o topo da liderança dentro de uma organização.

ÍNDICE

INTRODUÇÃO

Embora a falta de equidade de género no mercado de trabalho tenha vindo cada vez mais a estar na agenda do dia, a verdade é que apesar dos avanços ainda há um teto pelo qual as mulheres têm dificuldade em passar, como se de uma barreira se tratasse. A esta barreira deu-se o nome de ***glass ceiling*** – teto de vidro. Aliás foi conceito que inspirou a capa.

Esta expressão, *glass ceiling*, foi usada pela primeira vez em 1978 por Marilyn Loden, uma consultora norte-americana que utilizou esta metáfora durante um painel sobre as dificuldades das mulheres em alcançarem nas empresas funções de liderança.

Quer queiramos quer não, há ainda a crença de que as mulheres não conseguem desempenhar funções, sobretudo de topo, tão bem quanto os homens. Por outro lado, há ainda quem refira que as mulheres podem ficar limitadas em disponibilidade, por exemplo, por questões ligadas à maternidade. Uma cultura anciã que traz este *mindset* enraizado e que se tem vindo a esbater, embora lentamente.

Sei que muita gente não gosta de quotas.

Eu preferia que não existissem, mesmo, no entanto, considero que as quotas são necessárias, embora devam ser encaradas como uma medida transitória, enquanto não se verificar nas empresas um maior equilíbrio entre géneros quer em posições de liderança quer no que toca à retribuição.

Não obstante, mesmo com quotas, asseguro que a paridade de género está longe de ser alcançada.

Infelizmente continuamos a viver numa sociedade machista, num mundo onde a falta de paridade de sexo é gritante.

Eu não defendo a promoção da incompetência!

Defendo a necessidade de se definir uma estratégia para que exista profissionalismo quer por parte da área de R&S (recrutamento e seleção), quer por parte da área de desenvolvimento do talento dentro das empresas. Esta área deve ter como missão promover o desenvolvimento de carreira de mulheres, assim como o fazem para os homens. Há que preparar a sucessão também para as mulheres, claro que com base em critérios sérios ao nível do desempenho e do talento.

Desta forma, não haverá a tendência de dizer-se que se promovem mulheres incompetentes só para cumprimento de quotas. Há muitas mulheres competentes, basta apostar no seu desenvolvimento e esta questão por si só desaparecerá.

Por outro lado, as empresas devem ter a preocupação de desenvolver programas de diversidade e inclusão capazes de levar a bom porto esta transição, porque só assim este processo de quotas que é transformador a todos os níveis pode ter o sucesso desejado.

No presente, as quotas são um mal necessário até que seja encontrado o caminho natural da igualdade de oportunidades.

O Miguel fez um testemunho interessante e de certa forma toca neste ponto, pelo que achei que seria a cereja no topo do bolo quanto a este tema, vejamos:

MIGUEL HENRIQUES - Gestor e Empreendedor

Pertenço a uma família "à moda antiga": prolífera, em que várias gerações partilham a mesma 'casa grande de família', avós que assistem ao nascimento de netos na sua própria casa, gente que entra e que sai sem nunca parar, primos que se distanciam em idade como se saltassem uma geração, uma cultura de cumplicidade e de partilha, obrigatória, aliás, à sobrevivência e bem-estar. Estas famílias antigas tendem a assentar a sua estabilidade na capacidade de decisão e de ação rápida e assertiva das mulheres. São verdadeiros 'matriarcados'. Foi num ambiente assim que eu cresci, em que as mulheres presentes eram tratadas como deidades. Havia uma hierarquia, é certo, em que as mulheres mais velhas eram mais ouvidas do que as mais novas: avó, mãe, irmãs e primas. Nós, os rapazes, sentíamo-nos um pouco injustiçados, pois, sendo em maior número, raramente eramos tidos em consideração e aquilo que nós achávamos ser uma inteligência igual à das irmãs e primas era sempre relegada para uma posição subalterna face à clarividência delas e à sua capacidade de decidir e agir. Na pré-primária foi uma senhora que me ensinou a ler, escrever e fazer contas de cabeça. Na escola, liceu e até faculdade o número e qualidade de professoras era igual ou superior ao dos professores.

Quando cheguei ao mercado de trabalho, nos idos do início dos anos 90, foi uma surpresa verificar o desequilíbrio que havia, no tratamento hierárquico, entre homens e mulheres, o cinzentismo dos fatos e gravatas, o monocórdico som das vozes graves e sombrias.

Concluí a minha formação académica, já depois de ter começado a trabalhar, no Reino Unido e aí, felizmente, encontrei um ambiente muito diferente, em que não havia tolerância a considerações machistas ou chauvinistas em relação à capacidade ou importância do trabalho das mulheres. Senti-me de novo no meu elemento natural, mas, quando regressei a Portugal, percebi que no Sul da Europa a situação não havia mudado.

Por isso, aderi desde sempre à prática de estabelecer quotas. Não por concordar com a qualidade do método, que me parece quase rudimentar, mas por ter consciência de que "comportamento gera comportamento" e que os hábitos não se quebram sem um "choque externo". Não é por acaso que demorou décadas até que os empresários de PME familiares recrutassem quadros com formação superior para as suas empresas, pois eles próprios não tinham essa formação, logo não reconheciam a sua necessidade. Ainda hoje isso acontece com os doutorados, maioritariamente sem acesso ao mundo empresarial. Nós tendemos a reproduzir comportamentos e fazer as coisas como sempre foram feitas, como as vemos fazer. Assim, sem quotas, nunca os homens, que então decidiam quem recrutavam e quem escolhiam para os lugares de chefia, acabariam por promover a mudança.

Há duas décadas que ocupo cargos de "C-Level" e maioritariamente de CEO em empresas grandes e médias, inovadoras e relevantes no contexto nacional. Nessas empresas sempre procurei balancear os perfis dos diretores e ter um número de mulheres nunca inferior ao de homens, misturar perfis académicos de diferentes graus e áreas de formação, quebrar tabus sobre os trabalhos que eram considerados mais adequados a um perfil ou outro.

Dou o testemunho de uma empresa que dirigi até há cerca de 5 anos, tinha uma componente técnica muito forte, mas esta era assegurada essencialmente por homens. Havia muitas mulheres, que ocupavam principalmente cargos de back-office. Estabeleci uma prática de, nos recrutamentos seguintes a fazer para a área técnica, procurar primeiro mulheres que tivessem já a formação e certificações de que necessitávamos, o que conseguimos com sucesso. Mas, mais do que isso, tentei estimular colaboradoras que ocupavam funções de back-office a fazer uma mudança de carreira e estudarem para terem a formação necessária para irem "para a rua" trabalhar, lado a lado com os reputados técnicos que tínhamos. Foi com orgulho que a empresa apoiou uma delas a formar-se como engenheira no Técnico (IST da UL).

A chegada das mulheres ao mundo da liderança, depois de décadas de predomínio dos homens, vem mostrar como era artificial e imposto o seu afastamento anterior e, confesso, aproxima-me da cultura de respeito pela igualdade e valorização da diversidade em que cresci", o que me deixa muito confortável.

Muito Obrigado, Miguel

Está no momento de passarmos ao livro propriamente dito, o qual decidi dividir em 2 grandes partes.

A primeira parte vai falar-nos de histórias.

A minha estória e de como eu cheguei ao topo de uma organização, mas também a história, breves notas, sobre a evolução da luta das mulheres ao longo dos séculos. Vou também fazer uma leve abordagem científica acerca das diferenças entre sexos.

A segunda parte será dedicada às minhas sugestões, notas e recomendações, de como as mulheres podem alcançar o topo.

Vai também encontrar ao longo do livro os testemunhos inspiradores, cujos autores estão mencionados neste livro. Estes valiosos testemunhos vão contar-nos, o que se faz em algumas empresas e o que pensam sobre o tema, bem como estórias de mulheres que alcançam o topo e o que fizeram para lá chegar.

Dentro destes testemunhos achei importante termos uma visão de alguns profissionais da Lusofonia, oriundos de Angola, Moçambique, Cabo Verde e Brasil.

PARTE 1

HISTÓRIA / ESTÓRIA

MINHA; NOSSA; DO MUNDO

I O PROPÓSITO DO LIVRO

O QUE MAIS QUERO É AJUDAR AS MULHERES A ALCANÇAREM A LIDERANÇA NAS EMPRESAS, A TEREM AS MESMAS OPORTUNIDADES QUE OS HOMENS!

Nesta fase da minha vida, o meu propósito é elevar as competências das mulheres e fazê-las subir na cadeia hierárquica e se quiserem lutar por uma posição de topo melhor ainda, pois o País e o Mundo precisam e muito!

A leitora já pensou no seu Propósito, ele está claro?

Mas afinal o que é isto de Propósito de que hoje tanto se fala? De uma forma simples é o que nos faz acordar todos os dias com boa disposição e sentir que estamos a realizar de forma apaixonada os nossos objetivos seja qual for a escolha que fizermos, será a nossa, e essa faz-nos felizes!

No final, é o nosso propósito que nos guia e se não o soubermos, precisamos de o encontrar!

"Se você não sabe para onde ir, qualquer caminho serve". Célebre frase de Lewis Carroll, em Alice no País das Maravilhas.

A primeira pergunta que podem colocar é a seguinte:

Mas porque quer a Maria João ajudar-me?

Em primeiro lugar porque considero uma tremenda injustiça a falta de paridade de género, a maldade e a desumanidade praticada para com as mulheres que se arrasta há vários séculos.

Em segundo porque é mesmo um desejo pessoal que me move, no sentido de empoderar mulheres para chegarem a lugares de liderança e de topo.

Eu consegui chegar ao topo e acredito que muitas mulheres também o podem conseguir. Por vezes precisam de uma ajuda, eu precisei e foi ótimo!

Destaco aqui um exemplo de sucesso, chama-se Ginni Rometty e foi a ex-CEO e Chairman da IBM. Ela foi a primeira mulher a assumir a presidência da IBM, em 2012. Criou uma política de paridade de género, sempre defendeu a diversidade e inclusão, tendo aumentado a presença feminina em cargos de liderança na empresa.

Numa entrevista à Mckinsey ela deixou 3 conselhos muito importantes às mulheres, que se basearam na sua experiência de mais de 3 décadas à frente desta gigante tecnológica:

- Crescimento e conforto nunca coexistem.
- Não pedir ajuda é sinal de fraqueza.
- Aprender a compartimentar.

Quem quiser conhecer mais sobre a sua história de sucesso aqui fica o nome do seu recente livro "Good Power: Leading Positive Change in Our Lives, Work, and World".

Pretendo que este livro não seja maçudo de se ler, pensei na objetividade e facilidade de leitura para quem o lê e que o consuma com rapidez e com entusiasmo até ao seu final.

Espero com este livro **AJUDAR AS MULHERES QUE ALMEJAM UMA CARREIRA DE TOPO.**

II A MINHA ESTÓRIA E COMO LÁ CHEGUEI!

Vou então começar por contar-vos um pouco a minha estória, dizendo desde logo que tive de lutar pelas conquistas, nunca tive ajudas para integrar as empresas, tive sim, sempre muito trabalho e "suor" para alcançar o meu objetivo profissional.

Nasci no seio de uma família modesta, com uma infância feliz onde não faltou o desporto. É verdade, fiz ginástica rítmica e natação, nesta modalidade competi nacionalmente e cheguei a ser campeã de estilos a nível nacional na categoria de infantis. Eu fazia tudo para ganhar até as minhas forças aguentarem.

O meu pai decidiu "embarcar" na marinha mercante de petroleiros para nos poder proporcionar uma vida melhor e felizmente nunca faltou o essencial. A minha mãe trabalhava em casa, como costureira, mas teve sempre uma enorme preocupação em tratar de nós com o maior cuidado e carinho. Eramos duas filhas, infelizmente a minha irmã já partiu, cedo demais.

Orgulho-me dos meus pais me terem passado os valores que sempre me nortearem, o respeito por todos, a honestidade, humildade e a solidariedade.

Desde que me lembre sempre fui muito brincalhona, bem-disposta e também uma "maria rapaz", como diziam na família. Uma vez com um amigo fomos andar de bicicleta, só que ela não tinha travões e adivinhe-se o desfecho, cabeça partida! Brincava aos índios e aos cowboys, adorava brincar com o lego, ainda hoje o faço com os meus netos.

Ia para a rua saltar à fogueira com a minha irmã e com os amigos. Não me faltava animação.

Comecei a namorar muito cedo e desisti de estudar, ficou-me na memória uma professora na altura ter mandado recado para eu não desistir, mas não a ouvi, pois estava apaixonada e queria a minha Independência. Verdade é que já lá vão muitos anos e o casamento continua!!

Felizmente ao fim de 5 anos de casamento, deu-se um *click* e pensei, eu quero subir no mundo empresarial e decidi que ia estudar à noite, trabalhando de dia.

Aprendi imenso, alterei o meu paradigma, apesar de ser uma pessoa alegre, era mais reservada no local de trabalho. Fiquei mais confiante, mais culta, com a autoestima mais elevada. Esta mudança de postura, foi notada e não me esqueço dos colegas mais próximos me dizerem que eu estava diferente, para melhor, claro! E esse facto tocou-me, deixou-me orgulhosa e a verdade é que nunca me esqueci destas observações dos colegas.

A área de recursos humanos foi, desde logo, a minha área de eleição, eu tinha a perceção que podia ajudar as pessoas no seu desenvolvimento e consequentemente ajudar as organizações no seu todo.

Na altura o ISLA, atual Universidade Europeia era a única universidade que tinha o curso de Gestão de Recursos Humanos, um curso de 5 anos, reconhecido como licenciatura pelo Ministério da Educação.

Dedique grande parte da minha vida às empresas por onde passei e tive o privilégio de trabalhar em grandes grupos nacionais como por exemplo a SONAE, quer nos Continentes quer nas telecomunicações, nomeadamente a NOS em que tive o privilégio de ter contribuído para o seu lançamento, na altura com o nome de Optimus. Mas também em grupos internacionais como a Eurest, do Grupo COMPASS e a Makro do Grupo METRO, ambas as empresas com milhares de colaboradores. A última empresa em que trabalhei foi um grupo português, uma trading com negócios em Angola, na altura com o nome de Wayfield.

Sempre persegui os meus objetivos com dignidade, resiliência, cumpridora das minhas obrigações, leal e dedicada. Esta postura valeu-me um cargo de Administradora de que muito me orgulho.

Trabalhei muitas horas por dia aos longos dos anos, diria até que foi de mais. O meu marido dizia-me que as empresas me ergueriam uma estátua, mas nada feito.

A verdade é que eu adorava a minha profissão e queria lutar pela minha carreira.

Eu procurei em todas as empresas por onde passei, desenvolver as áreas de RH, dotando-as de instrumentos de gestão, com o objetivo de promover uma cultura colaborativa, mas também promovendo ações para potenciar o desenvolvimento dos colaboradores.

Acho que fiz muitas conquistas e deixei algumas marcas!

Não foi ao acaso que ganhei 2 prémios de mérito, um "Prémio Personalidade" atribuído pela APG (Associação Portuguesa de Gestão das Pessoas).

O outro de "Melhor Gestora de RH do Ano", promovido pela revista RH Magazine, dos quais muito me orgulho. Foram fruto do meu trabalho, mas também do trabalho e envolvimento das minhas equipas.

Se me perguntassem há 35 anos se eu sonhava passar por tantas experiências, chegar a administradora no seio de uma Administração repleta de expatriados, eu não acreditava.

Eu sempre tive um espírito lutador, empreendedor, e ao longo do meu percurso, sempre lutei por alcançar o meu sonho, ser diretora de recursos humanos e fui caminhando. A verdade é que os desafios foram surgindo e eu quase que só os comunicava ao meu marido, dizia-lhe: "olha surgiu-me esta oportunidade vou ter uma evolução de carreira, mais benefícios, tens alguma coisa contra?" E era isto, ele respeitava a minha carreira como eu respeitava as opções dele.

Eu nunca pensei que ia falhar porque eu sabia como as coisas se faziam, mantinha-me confiante e com a autoestima elevada.

Certo que quando não tinha a certeza de algo ou queria apresentar um projeto eu estudava e procurava informação para me valorizar.

O meu segredo, sempre foi em primeiro lugar ter um propósito bem definido, e, no inicio era ser apenas Diretora de Recursos Humanos. Em segundo lugar acreditar sempre em mim, gostar de mim, eu sempre disse em situações mais complexas, "tu vais conseguir Maria João, só tens que te preparar, tu és competente". Cheguei a ouvir CDs inspiradores enquanto estava nas filas de trânsito, pois fazia diariamente a travessia do rio Tejo, quer pela 25 de abril quer pela Vasco da Gama. Em terceiro lugar sempre investi no meu desenvolvimento, nas minhas competências, preparava-me sempre muito bem sobre as matérias que queria apresentar, projetos que queria desenvolver. Por último, pedir ajuda a um coach quando achei que era importante. Só tenho de agradecer ao Paulo M. pelo suporte que me deu.

Organizei convenções para centenas de pessoas, na maioria lideranças, em que regra geral tinha a responsabilidade de as abrir, preparava sempre o que queria dizer. Não sou espetacular em improvisos, mas nós não temos de ser espetaculares em tudo.

Tive treino de como falar em público, tirei o curso de formadores, eu sempre quis ter sucesso e nunca fracassar. E sempre me fui "reciclando".

Utilizando as palavras atuais é fundamental a aposta no *upskilling*, (otimizar, atualizar as nossas competências) ou nos dias de hoje como o mundo está em contante evolução e mudança apostar-se no *reskilling* (aprender novas competências para desenvolver novas funções).

Neste meu percurso e sendo franca, nunca pensei que por ser mulher tinha menos hipóteses, não senti que me estavam a impor barreiras, na altura eu estava empenhada no meu desenvolvimento e na minha carreira.

Eu queria apostar numa vida que me realizasse profissionalmente, queria ser feliz e levantar-me todos os dias com vontade de ir trabalhar. Claro que a par queria também contribuir para uma vida melhor para toda a família.

Sempre achei que ser eu própria sem máscaras era a melhor postura, desta forma não se engana ninguém, criam-se laços de confiança. Sempre apostei no bom relacionamento interpessoal, desenvolver bons ambientes de trabalho. Eu gosto de falar com pessoas, tenho prazer em ajudar, se me dão eu gosto de partilhar.

O meu comportamento sempre foi norteado tendo como base os princípios da ética e do respeito por todas as pessoas. Tenho a consciência tranquila de que em 35 anos de vida profissional, nas empresas, nunca fui mal-educada para ninguém, mesmo quando tinha de lidar com situações constrangedoras. É obvio que quem tem posições de liderança tem de estar consciente e ter a capacidade e a coragem de lidar com elas.

Sempre tive um espírito empreendedor e competitivo.

Em 2 empresas multinacionais por onde passei desafiei os respetivos presidentes para concorrermos às melhores empresas para trabalhar em Portugal.

Numa ficámos em 1º lugar na respetiva categoria e, na outra num lugar honroso atendendo ao tipo de negócio. Sei que estes prémios foram obtidos com muito trabalho, em parte pelas minhas equipas que levaram a cabo diversas ações, muitos projetos, motivando e sensibilizando os outros líderes para a importância quer no desenvolvimento quer no aumento do compromisso das suas equipas. Líderes, diga-se, também se empenharam e fizeram a sua parte.

Sempre entendi que trabalhar numa empresa era ser sua parceira, que precisávamos de trabalhar juntos, lado a lado, olhando para as pessoas, mas também para os resultados. No final sabemos que são as pessoas que fazem os resultados.

Continuo convicta de que esta é a fórmula do sucesso, envolver equipas, inspirá-las e ajudá-las no seu desenvolvimento. Mas também, criar um clima de confiança onde as pessoas possam dar asas à sua imaginação, só assim o negócio pode crescer de forma sustentável.

Tive a sorte de ter passado por várias empresas e grupos, quer nacionais quer internacionais, como já referi, que me proporcionaram uma aprendizagem brutal. O contacto com várias culturas e nacionalidades, abriram-me os horizontes para a importância da diversidade, conheci pessoas de vários países, do Vietname, da India, do Brasil, de Angola, de quase todo o Mundo. Cheguei a ir à Suécia apenas para participar no desenvolvimento de um projeto, ou a Atlanta para uma formação.

O ambiente de partilha e de solidariedade entre as diferentes nacionalidades foi muito valioso, mas sempre com o mesmo propósito, sermos bons profissionais e elevar o nível nos temas de Recursos Humanos no nosso País.

Durante as mais de 3 décadas que trabalhei por conta de outrem, sempre defendi a igualdade de oportunidades e de direitos para ambos os sexos. Somos seres humanos diferentes cada um com as suas valências. Não tem de haver superioridade!

Enquanto estive nas empresas nunca senti que fui discriminada, alcancei sempre os meus objetivos profissionais, mas pelo que ocorre na sociedade acho que tive sorte.

A verdade é que para a posição de Direção de Recursos Humanos nunca fui, mesmo, discriminada, até porque tive várias posições de destaque e sei que também existiram homens nas shortlist quando estava em fase de concurso.

Como administradora também não a senti.

Eu estava muito focada na minha função.

Enquanto responsável por todos os processos de Recrutamento & Seleção nunca me foi solicitada qualquer discriminação.

Não obstante, lembro-me de ter tido um chefe em que eu sentia que era machista, embora nunca o tivesse verbalizado, pelo contrário queria passar uma imagem diferente. Tive também um chefe extremamente autocrático, mas que apesar de tudo me escolheu para Diretora.

A este propósito integro aqui o testemunho do Fernando, que trabalha há dezenas de anos na área de executive search:

FERNANDO NEVES DE ALMEIDA
Partner da Boyden global executive search

É um tema da atualidade, a discriminação de género na gestão. Embora na minha profissão de recrutador de executivos nunca tenha sentido qualquer pressão no sentido da discriminação, a acreditar em algumas estatísticas publicadas, tenho de acreditar que existe e a favor dos homens.

Embora pense, que algumas profissões, possam ser mais preferidas por cada um dos géneros, não consigo entender a razão objetiva, de um homem e uma mulher, que fazem a mesma coisa, de receberem salários diferentes. A confiar nas estatísticas, isso acontece. No caso concreto de executivos, nunca me deparei com tal realidade.

Mas, em termos gerais, penso que a questão que se pode colocar é se algum dos géneros possui mais competências específicas para o exercício da gestão. E quanto a essa questão, a minha resposta é, claramente, não. Ao longo da minha vida profissional nunca me deparei com qualquer evidência que me faça acreditar no contrário.

Tenho colocado inúmeras mulheres e homens, com competências comparáveis que obtiveram resultados excelentes. Podemos, então, questionar o porquê de, por enquanto, haver mais homens em posições de gestão do que mulheres. Se não é por competência, então é porquê? Arriscaria duas (seguramente, entre outras) razões para que isso aconteça: cultura e motivação.

A cultura vigente, embora haja muito ativismo contra isso, é muito de privilegiar o poder no masculino. Socialmente ainda existe o estereótipo de o homem ser o provedor de recursos e a mulher a cuidadora. De o homem ter de "mandar" na mulher. É verdade que, nos últimos anos tem vindo a existir uma evolução para uma cultura mais igualitária entre géneros. No entanto, as mudanças culturais são lentas e muitos homens (menos mulheres) pensarão ainda assim. E mesmo que a intenção social seja no sentido de acabar com essa discriminação, implementando estratégias de comunicação e outras, a cultura normalmente "come" a estratégia ao pequeno-almoço. Daí a importância das cotas, que hoje se aplicam à composição dos boards de algumas empresas e aos indicadores de avaliação das administrações executivas de algumas empresas que valorizam a paridade de género.

No outro campo temos o fator motivação. Os homens, em média, são mais competitivos e combativos que as mulheres. Em Média, entenda-se. E isso pode ser um fator decisivo na progressão da carreira. Os homens privilegiam mais o poder pelo poder, enquanto as mulheres ligam mais à realização. E isto não é bom nem mau. É assim. Temos ainda outro fator, que é muitas vezes apontado como obstáculo temporário à luta pela progressão que é a maternidade, justa ou injustamente. Em média as mulheres consomem mais tempo com a maternidade do que os homens.

Para concluir, diria que a luta pela igualdade é muito meritória e deve ser prosseguida até deixar de ser tema.

Felizmente somos diferentes, mas não nestas áreas do trabalho.

Muito Obrigado, Fernando!

Não obstante a nossa vivência, os dados não enganam e o número de mulheres em cargos de liderança é reduzido.

No âmbito do assédio também nunca o senti, nem em tantos anos como diretora de recursos humanos tive necessidade de levantar qualquer processo disciplinar por suspeitas de assédio. Se existiam nas organizações por onde passei nunca me foram denunciados.

No entanto, se tivesse ingressado em empresas com estas práticas teria de imediato procurado outras alternativas e agido em conformidade com a lei.

Nós precisamos de sair da nossa zona de conforto para encontrarmos a nossa felicidade. Precisamos de nos desafiar e esta é uma forma de ganhar mais endurance, vamo-

-nos sentindo melhor, com mais dinamismo, maior criatividade, maior capacidade de inovar.

Precisamos de nos reinventar, com a evolução tecnológica, a GenAI a avançarem aceleradamente, necessitamos até de desaprender e aprender de novo! Uma nova "vida" numa nova era muito disruptiva.

Nunca parei de me atualizar durante toda a minha vida, das mais diversas formas e de conhecer diferentes realidades. Vou continuar a aprender até conseguir!

Foi um processo evolutivo de carreira muito pujante, onde aprendi imenso, com diferentes culturas, mas também com diferentes gerações e diferentes egos, por vezes não muito fáceis de gerir. É preciso aprender a lidar com adversidades e a lidar com a diversidade. É fácil? Não, dá trabalho, mas também nos fortalece e nos regozija.

Tive o privilégio de ter passado por diversos ramos de atividade, Indústria, Distribuição, Telecomunicações, Trading.

Posso dizer que fui rica em experiências, fiz tanta coisa, desenvolvi tantos projetos e com pouco dinheiro, isto porque quando se corta nos orçamentos, os RH são os primeiros a sentirem emagrecimentos. Mas não deixei de pensar, em conjunto com as equipas, como fazer e levar para a frente eventos, programas, etc., com parcos recursos.

E, fomos conseguindo com a "prata de casa" concretizar imensos sonhos que se tornaram realidade e que acabaram por mobilizar muitos colaboradores, projetos que me deram a mim e às equipas imenso gozo. Um deles marcou-me, já lá vão alguns anos, criámos uma academia de formação com cerca de 100 formadores internos, a quem demos o certificado, CCP, reconhecido pelo IEFP. Formadores estes, que ficaram altamente motivados e que passaram a assegurar grande parte da formação aos seus colegas, durante as suas horas de trabalho. Com organização, responsabilização, profissionalismo e boa vontade conseguimos milagres! Os colaboradores gostam de ser envolvidos nestes projetos, sentem orgulho. Todos os anos fazíamos um evento com todos os formadores internos como forma de lhes agradecer, mas também de os envolver e de os atualizar nos novos desafios. Grata Rita C. pelo empenho neste grande projeto.

Muito interessante também e com pouco *budget*, fizemos uma reunião com mais de 300 chefias que acabou com uma ação de solidariedade social que ficou na memória de toda a equipa. O entusiamo dos colegas e da instituição foi revigorante. Grata à equipa da DRH!

Tive o privilégio de ter realizado várias start-ups (lançamentos de novas empresas), contratando milhares de pessoas. Mas, também tive de fazer reestruturações, com despedimentos coletivos.

Quando se assumem responsabilidades, também temos de fazer coisas de que não gostamos.

Muitas histórias guardamos para a vida!

Conforme se vai evoluindo na carreira mais força anímica temos de ter, precisamos de positivismo para nós e para as nossas equipas.

Eu senti a necessidade de ter um coach que me ajudou imenso no meu percurso de ascensão, pois existem momentos onde temos de nos tornar mais resilientes, porque as responsabilidades são acrescidas e as dificuldades também.

Foram muitos anos a acumular conhecimento, quer na direção de recursos humanos, quer como administradora, quer fazendo parte do comité executivo de várias empresas. Estas funções deram-me a possibilidade de ter uma visão holística sobre tudo o que se passava nas empresas, mas também de opinar, de contribuir para alcançar os melhores resultados.

Na minha última experiência corporativa tive a oportunidade de conhecer a cultura angolana. Foi uma vivência, de 3 anos, muito enriquecedora, um povo muito humilde, resignado às precárias condições em que vive.

Como marco final na minha carreira foi fantástico.

Não foram fáceis todos estes anos a trabalhar por conta de outrem e a desenvolver a minha carreira. Foram anos desafiantes! Na ascensão o caminho é duro, mas faz parte!

Quando queremos crescer e sermos fiéis aos nossos princípios e ao nosso propósito as dificuldades são por vezes acrescidas.

Passei por algumas experiências que não gostei, felizmente foram poucas. Uma das quais considero que fui desconsiderada por não ter nenhum mestrado, isto no início de carreira, num grupo português, situação que não voltou a ocorrer no meu longo percurso profissional.

Visto bem as coisas, tenho uma licenciatura de 5 anos, pré-Bolonha, uma vasta experiência nacional e internacional, imensa formação profissional, inclusive um curso de liderança intensivo tirado numa academia de formação na Alemanha.

A verdade é que o mestrado não aconteceu porque a minha dedicação às empresas foi extrema, eu nunca tinha tempo, nem sequer tive oportunidade de no momento certo, avaliar as equivalências que foram dadas a quem tirou o curso em 5 anos. Passou, já não consigo voltar atrás!

Tenho o “mestrado” da experiência da vida empresarial.

Mas se fosse hoje teria feito, sim! mesmo porque o diploma conta muito na nossa sociedade, pelo que aconselho vivamente a quem tiver possibilidade, de fazer uma pós-graduação, um mestrado ou até um MBA. Mas apenas depois de alguns anos de experiência para perceber bem para onde quer caminhar.

Tive ainda uma experiência de um chefe que tinha um perfil complexo, aprendi a lidar com ele, não tendo sido fácil, foi um grande desafio, ainda assim alcancei algumas conquistas. Como também não podia crescer nem desenvolver mais a área de Gestão de Pessoas, procurei e abracei uma nova oportunidade.

Segui sempre em busca de novos desafios, quer por questões de carreira quer por insatisfação pessoal.

Eu acreditava em mim, conversava comigo e dizia, "tu vais conseguir, porque tu tens vontade, tens competências e és responsável".

Quando nos tratam menos bem, não devemos aceitar, mas sim lutar ainda com mais garra, procurando alternativas no mercado. No final procurar ser feliz.

O que posso partilhar é que quando não me sentia bem numa empresa, nunca baixava os braços.

A verdade é que consegui chegar onde queria.

Com a evolução da IA e com as novas gerações esperamos que cada vez mais sejam as pessoas a escolherem as empresas e não apenas as empresas as escolherem as pessoas. Ou seja, deve de ser uma situação *win-win*!

Vou sempre reforçando que encontrar a felicidade, depende muito de nós, de nos rodearmos de quem sabe e de quem confiamos, precisamos de estar a par do que se passa no nosso mundo e claro precisamos de nos conhecer a nós próprias.

Jim Rohn palestrante e coach motivacional americano garante que nós somos o resultado da convivência com as pessoas à nossa volta.

Por isso procure rodear-se de gente competente e séria e só terá a ganhar.

Eu sempre estive e continuo muito atenta ao que de melhor se faz no âmbito da gestão de pessoas.

Como atrás mencionei, passei por empresas que me proporcionaram um desenvolvimento pessoal e profissional tremendo nas áreas da Gestão de Pessoas, de Liderança ou mesmo de autodeterminação e de confiança. Este mindset de aprendizagem contínua foi-se instalando em mim e foi-me tornando uma pessoa curiosa com uma sede constante de conhecimento, de querer saber sempre mais e manter-me atualizada.

Para terem uma ideia da minha preocupação por estar a par do que se passava na área, ainda não tinha terminado o meu curso de Gestão de RH fui inscrever-me na APG (Associação Portuguesa de Gestão das Pessoas).

Esta Associação nasceu em outubro de 1964 e foi fundada por 19 pessoas, sob a designação de Associação Portuguesa dos Diretores e Chefes de Pessoas. Foi evoluindo ao longo dos anos e hoje o nome é o ajustado ao novo Mundo. Todos os meses eu ia recebendo a revista da APG com o melhor que se praticava na área. Ainda hoje com muito orgulho me mantenho sócia.

Importa referir que durante esta vivência empresarial o que mais me custou foi ter de executar deliberações do acionista e despedir coletivamente. É um processo pesado e emocionalmente complicado ter de despedir centenas de pessoas, algumas delas com imensos anos de casa e que nunca conheceram outra realidade. Eu sei que faz parte, mas nunca podemos deixar de ser humanos, solidários, sentir as angústias, o desespero dos colegas que ficam sem o posto de trabalho, e, no mínimo temos obrigação de lhes preparar uma saída com a maior dignidade que nos é possível.

É legitimo perguntar-se, por outro lado, do que mais gostei em todo o meu percurso empresarial? Gostei de tanta coisa!

Gostei de participar no lançamento de empresas, da Optimus como atrás referi mas também da Novis, ambas na altura da Sonae.com; de ajudar a abrir diversos hipermercados Continente; de ter estado numa fase de lançamento de uma fábrica de componentes eletrónicos. Estas experiências foram de extrema relevância para o meu crescimento.

Por uma razão menos feliz, marcou-me a abertura do Hipermercado Continente do Seixal, em que no dia da abertura caiu o teto devido a uma chuva diluviana. Eu própria ia a passar pelo local da derrocada e tive de fugir para não me caírem em cima pedaços do teto. No dia seguinte de manhã, como responsável de recursos humanos, assim como o Diretor da loja, tivemos de estar no hipermercado para darmos solução e o conforto possível, aos 800 colaboradores que tínhamos sob a nossa responsabilidade, pois a loja ficou fechada uns meses.

Por outro lado, tive uma experiência fantástica em sede de abertura do Hipermercado Continente do Centro Comercial do Colombo. Fui responsável por toda a formação inicial de 1000 colaboradores. Toda a formação decorreu em salas no Continente de Cascais. As pessoas deslocavam-se diariamente em autocarros de Lisboa para Cascais, de notar que as formações na altura eram inúmeras e algumas longas, foi uma logística complexa. Verdadeiras loucuras que nos marcam, mas que nos fortalecem.

Quando estive na direção de formação da Sonae Distribuição tive uma experiência encantadora, a realização de um filme de atendimento para os operadores de loja. Incluiu a participação da escrita do guião bem como o acompanhamento das filmagens, na altura com o parceiro Egor e com a fantástica formadora Teresa, de quem não me esqueço.

Lançar a visão e os valores numa empresa para mais de 6000 pessoas espalhadas por mais de 600 locais de Norte a Sul do Pais, foi lindo e alucinante. Grata pela ajuda Helena S.!

Desenvolver projetos de *change management* para milhares de pessoas.

Foram anos riquíssimos, duros em volume de trabalho, mas considero que fui afortunada em experiências e conhecimentos, viagens, projetos, partilhas, alegrias e também algumas tristezas, que fazem parte da vida.

Foi maravilhoso ter conhecido gente de muitas culturas, de construir pontes e de trabalhar com equipas envolvidas, entusiastas, dispostas a desenvolverem projetos importantes. Equipas com as quais ainda hoje mantenho laços de amizade.

Tenho de deixar aqui 2 testemunhos de 2 mulheres que de certa forma fazem parte desta história profissional, uma a Luisa Helena que conheci quando lancei a Optimus e a Conceição Zagalo da minha vivência pela Makro.

LUISA HELENA PINTO
Professora Associada da Faculdade
de Economia da Universidade do Porto

Título: Chegando ao Topo? Celebrando vivências das Mulheres

Este livro é, antes de mais, um convite à reflexão. À medida que reflito sobre a minha jornada e as inúmeras pessoas inspiradoras que tive o privilégio de conhecer, não posso deixar de lamentar quão limitados são os avanços que alcançamos como sociedade ao reconhecer e apoiar as "Pessoas". Pessoas de todos os credos, etnias, origens sociais, idades e, naturalmente géneros. Sendo este um livro de empoderamento no feminino, não posso deixar de reconhecer o espírito indomável, a determinação, a resiliência e a infinita capacidade de trabalho das "mulheres". E também a sua malicia, sagacidade, sentido de oportunidade e vaidade. Sim... as mulheres são vaidosas, os homens também, e não há mal nenhum nisso.

Tive a sorte de fazer parte de uma família de mulheres transformadoras, sábias e que nunca chegaram ao topo, seja no mundo empresarial, na arena política, nas artes ou na academia. As mulheres da minha vida mostraram repetidamente que as suas capacidades não conhecem limites. A sua dedicação, engenho, capacidade de trabalho e sagacidade eram (e são) impressionantes, e a sua presença indiscutível, mas nunca em posições de liderança ou destaque. Na verdade, não puderam escolher.

Sempre acreditei que o tempo resolveria tudo. Com o tempo as mulheres seriam mais qualificadas, mais exigentes e, naturalmente, seriam reconhecidas por isso. Por exemplo, na academia, as mulheres estão a liderar pesquisas inovadoras e a inspirar as futuras gerações. Tenho o privilégio de aprender todos os dias com professoras, mentoras e estudantes que defendem a diversidade e a inclusão na educação. Mas isso ainda é uma exceção.

Este livro da Drª Maria João deixa-nos uma mensagem poderosa: o tempo não resolve nada. Os limites existem, a discriminação também, e não é suficiente ser-se permanentemente "melhor". Felizmente estão a ser quebradas algumas barreiras e já há exemplos de "Mulheres no Topo", bem-sucedidas; pioneiras, mostrando que a inovação e a liderança não são domínios exclusivos dos homens. Ao celebrar as "Mulheres no Topo", somos recordadas de que o seu sucesso pessoal, também é nosso. Elas mostram-nos como as suas circunstâncias são especificas e as suas histórias não são copiáveis. Contudo, elas inspiram-nos a sonhar mais alto, ou talvez, a sonhar diferente. Elas demonstram que é possível ser-se mais genuíno, competente e mais humano. Humano nas suas eternas contradições. Foi possível, é possível, vai ser possível...

Quanto à autora deste livro – a Drª Maria João Antunes – ela é um exemplo muito vivo e muito humano de como é possível renovarmo-nos em cada contrariedade, em cada obstáculo e em cada encruzilhada. Ela é uma "Mulher Poderosa". Menos pelos títulos e mais pela sua energia e capacidade de trabalho inesgotáveis. Acompanhei diretamente algumas das suas realizações profissionais, que a maioria qualificou de "impossíveis". Creio que é próprio das "Mulheres Poderosas", fazerem o que nunca foi feito: arriscarem como nunca ninguém arriscou e trabalharem como nunca ninguém trabalhou e concretizaram o nunca ninguém alcançou.

Um muito obrigada a todas as "Mulheres Poderosas", incluindo as mulheres da minha vida, e a autora deste livro. Celebremos as suas vivências e que o futuro (n)vos permita sempre escolher.

Muito Obrigado, Luísa!

Passados mais uns anos conheço a nossa querida e bem conhecida Conceição.

CONCEIÇÃO ZAGALO
Empreendedora Social | Consultora

Há quanto tempo conheço a autora desta publicação? Não, não sei precisar. Se à pergunta de resposta imediata eu reagisse, diria, a Maria João Antunes... pois... conheço-a há tantos anos. Mas vamos lá a um exercício de retrospeção. Acho que sim, acho que foi nos seus tempos de gestão na Makro, meus na IBM e na presidência do GRACE.

Contas feitas iremos para cerca de vinte anos. Até porque a Maria João geriu equipas, processos e projetos na Eurest, fornecedor de eleição da empresa em que desenvolvi carreira. Às tantas ainda nos cruzámos também por aí, como o fazemos em diversos fóruns de RH ou de Comunicação onde invariavelmente damos connosco a verbalizar o gosto que temos em nos juntarmos a propósito de temas que tanto importam. Mas podíamos ter-nos conhecido há bem mais tempo, tão forte e tão marcante é a proximidade que nos liga.

E isto para chegar onde? Que são as pessoas que unem as pessoas. E que, fundamentalmente, são as pessoas que movem a autora desta obra. Na atividade profissional, na atividade associativa, na vertente pessoal, na vida. As pessoas, os seus interesses, o seu bem-estar, a gestão de expetativas próprias, o desenho do seu dia-a-dia, o ensinamento encerrado na palavra certa na hora certa, nas doses aconselháveis sobre ambição face ao futuro. E as pessoas, claro está, no contexto corporativo. De resto foi na perspetiva da preocupação das empresas face às suas gentes e às comunidades envolventes que me recordo de desafiar a Maria João pela primeiríssima vez. E a este propósito não resisto à inconfidência de partilha de excertos de uma troca de mensagens, também por referirem a Leonor Ayala Botto, executiva que tanto fez pela Responsabilidade Social no nosso país e que nos deixou prematuramente, deixando-nos também todo um legado sobre liderança, pioneirismo, empoderamento, força do querer, capacidade de arquitetar e levar a exercício estratégias em prol do desenvolvimento de homens e de mulheres no seio das organizações.

Corria o ano de 2010. As empresas davam passos em frente rumo à integração de políticas e práticas de cidadania corporativa nas suas estruturas de gestão, e também nas operacionais. Gestor de RH que se prezasse não podia ser esquecido numa ação que se pretendia coletiva. Saio dos meus cuidados e bato à porta da nossa autora. Ao que me responde: "Cara Conceição Zagalo, é com enorme prazer que lhe comunico que a Makro Portugal quer integrar o GRACE a partir do próximo mês de abril. Consideramos que o GRACE tem feito um trabalho excelente no âmbito da responsabilidade social. A Makro Portugal está a dar os primeiros passos neste âmbito e se contarmos com o vosso apoio nestas áreas será certamente uma mais-valia para todos. Aproveito para lhe transmitir que estaremos presentes na casa do embaixador da Holanda, no dia 25 de março, para conhecer de perto o lançamento do projeto de apoio às "Aldeias de Crianças SOS". Ficamos ao vosso dispor para combinarmos os próximos passos."

De uma mensagem mais extensa retiro este excerto: "Pois é, Maria João, recebi o seu email de adesão ao GRACE e fui contagiada por uma onda coletiva de alegria que me fez encher o peito. Ao ser copiada do agradecimento que a Leonor Botto lhe enviou, quero dar-lhe nota da minha enorme satisfação face ao seu propósito e ao da sua empresa". No meio de uma mensagem mais extensa, a certa altura escrevia, "e, de repente, deixei-me ficar orgulhosa, como se de trabalhadora da Makro eu fosse...".

Deixando à mercê dos leitores uma interpretação própria sobre trocas deste teor há mais de dez anos, ou seja, em tempos muito menos maduros acerca destes temas, deixem também que opine sobre a atitude subjacente à resposta acima transcrita. Quem escreve o que escreveu só pode encerrar em si todo um perfil de liderança, de vanguardismo. E só pode ser um exemplo da determinação e empoderamento que são próprios de gestores e profissionais preocupados em chamarem a si a responsabilidade de tratar da saúde das organizações enquanto arautos de mudança, enquanto obreiros de sucesso.

É de visão que trata o trabalho aqui publicado pela Maria João Antunes. Uma visão assente na capacidade de operar a diferença, de influenciar pessoas, de inspirar as equipas, de propor inovação, de comunicar com clareza e com assertividade, de gerar empatia, de dar espaço aos outros para fazerem e crescerem, de avançar para uma ação multiplicadora, de garantir que a gestão é levada a exercício com o potencial de pessoas que se complementam em termos de opinião, do sentir, da capacidade de desenvolver criatividade para todos, sejam homens ou mulheres. Assim, Maria João Antunes, muito obrigada pelo seu arrojo na publicação desta obra. Mas, e muito, pelo incentivo que dá às mulheres para não se deixarem apagar na sombra de uma gestão executiva ainda tão dominada pelo género masculino. Muito obrigada pelo apelo à luta "delas" pelo topo, pelo seu lugar de direito, pela sua responsabilização na edificação de um mundo assente em sociedades mais diversificadas, mais inclusivas, mais complementares, mais múltiplas, mais equilibradas e, consequentemente, mais justas e mais prósperas. E Maria João Antunes, porque o empoderamento feminino em ação faz tanto, mas tanto sentido, muitos parabéns e o meu maior bem-haja por reunir e partilhar publicamente tantas e tão boas propostas sobre como chegar lá.

Muito Obrigado, Conceição!

Volvidas mais de 3 décadas no mercado corporativo decidi lançar-me em outros desafios.

Quis começar a trabalhar para mim, achei que estava na hora de abrandar, foram muitos anos, pesadas cargas horárias, sempre em grandes empresas com grandes desafios e uma enorme entrega.

Precisava de poder ser eu, de olhar também para mim, porque os anos passam em flecha e se nós não cuidarmos de nós, quem o faz?

Fechei um ciclo de vida profissional e comecei a pensar,

onde poderia ser útil e ser feliz em simultâneo. Decidi ser eu a gerir o meu tempo, os meus interesses e fazer apenas coisas que me dão prazer.

Eu sempre tive um forte espírito de interajuda e de partilha e sempre considerei que quando saísse do corporativo iria trabalhar como freelancer, mas, igualmente fazer voluntariado.

E assim foi, quando soube por uma colega, muito querida, a Teresa P., desta hipótese, não hesitei e decidi juntar-me à Fundação Manuel Violante (FMV) onde ajudamos a capacitar a gestão das instituições do 3º setor. É um verdadeiro MBA este programa de capacitação e, eu além de ajudar continuo a aprender.

Mais tarde sou desafiada por uma outra colega voluntária da FMV, neste caso a Cristina T., para ser também voluntária na d`Novo, outra associação sem fins lucrativos, esta que apoia desempregados seniores, com 50 ou mais anos, com formação superior.

Eu sinto-me muito bem a ajudar quem precisa, é uma prestação muito desafiante e gratificante, a equipa de voluntários tem um sentido de missão e de contributo fabuloso!

Está é a parte de voluntariado e a outra?

Pois bem, além de ser freelancer na estratégia de RH, mentora/coach eu tenho imenso gosto em contribuir para o aumento do número de mulheres na liderança das empresas.

Um estudo da McKinsey, publicado no seu site, revela que existe uma forte correlação entre diversidade de género e a performance financeira das empresas.

As vantagens da inclusão e da diversidade para as empresas são cada vez mais claras. A diversidade de género está correlacionada tanto com a lucratividade como com a criação de valor, referem no mesmo artigo.

Não restam dúvidas que a diversidade é fundamental numa comissão executiva de uma empresa. Da diversidade nasce a Luz, digo eu!!!

É curioso que em Portugal saem da faculdade mais raparigas formadas do que rapazes.

É legitimo questionarmo-nos por que razão hoje não há mais mulheres do topo?

Vamos ao longo deste livro perceber o porquê e como podemos inverter esta situação.

VENCER é preciso, sendo mulher custa mais, mas precisamos de ser resilientes para lá chegar, foi o que eu fiz.

Mas, antes de passarmos para o parte III quero deixar-vos o meu lado mais intimista,

Sou da geração baby boomer no bilhete de identidade, no espírito consigo ser da geração Y☺.

Por norma, acordo sempre bem-disposta e com fome, para depois de me arranjar tomar o pequeno almoço.

Gosto de mim como pessoa, gosto de rir, de me divertir, de falar com pessoas. Tenho muita paciência para escutar e dá-me muito prazer ajudar o próximo e partilhar o que está ao meu alcance.

Adoro viajar, dá-me muito gozo conhecer novas civilizações, mas também aprecio estar numa espreguiçadeira a apanhar sol e a ouvir as ondas do mar, ondas pequenas entenda-se, ou sentada a olhar apenas para o mar, dá-me paz interior, tranquilidade!

Gosto muito de jardinagem, de tudo mesmo, cortar arbustos, apanhar ervas, fazer plantações ou replantações e regar. Adoro flores, cores vivas como os simples malmequeres amarelos ou rosas vermelhas, por exemplo.

Do que não gosto, de comida acho que gosto de tudo, não sou esquisita, só não posso comer certas coisas porque a vesícula não me deixa.

O que não gosto mesmo é de gente falsa que pela frente é uma coisa e por detrás é outra. Prefiro rodear-me de gente que gosta de ajudar os outros, gente séria, que tem só uma cara e um largo coração!

O que sempre disse? Nunca iria depender de um homem para viver.

O que adoro? Brincar com os meus dois netinhos, o Vasco o mais velho e a Beatriz que nasceu 4 anos depois. Roubando a palavra ao José B., sempre que posso vou "netando"!

A vida passa a correr e nós só temos de a aproveitar, é o que eu faço!

Trabalho, estudo, passeio, cuido de mim e sempre que é possível estou com a família e com os amigos!

Aproveite você também, ainda está bem a tempo!!!

Agora sim, passemos ao capitulo III.

III ENQUADRAMENTO CIENTÍFICO SOBRE AS DIFERENÇAS CEREBRAIS ENTRE OS SEXOS

Será que o cérebro do homem é maior do que o da mulher e por isso lhe dá mais competências?

Existem inúmeros estudos sobre esta matéria, escolhi o estudo de Georgina Rippo pela sua motivação e dedicação a esta causa:

"Minha motivação é mostrar que não há base biológica em estereótipos" refere.

Georgina Rippon, é uma neurocientista britânica que tem dedicado o seu trabalho de pesquisa para terminar com o mito de que o cérebro feminino é menos capaz do que o masculino.

Foi professora de neuroimagem cognitiva na Aston University, Birmingham. Autora de diversos livros sobre o tema, incluindo o seguinte: *"Género e os nossos cérebros: como a neurociência acabou com o mito de um cérebro feminino ou masculino*" publicado em 2021. Livro que recomendo para os mais curiosos sob a matéria.

Considero que esta autora é uma mulher brilhante, inconformada com a injustiça da inferioridade e com a forma como a mulher tem sido tratada na sociedade ao longo dos séculos.

Pelo seu percurso, estudos e bases científicas achei-a a escolha perfeita para este meu livro!

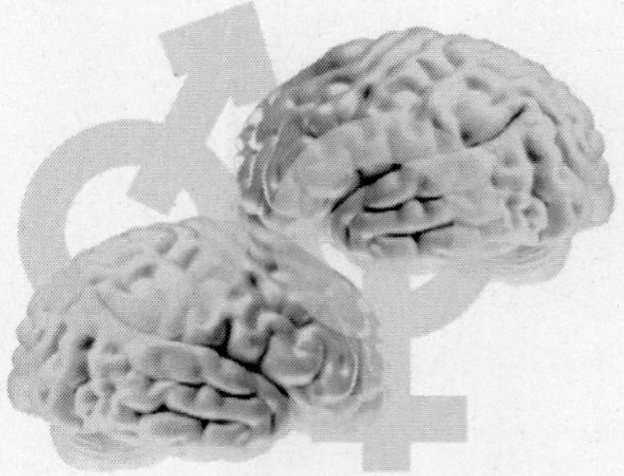

A mente humana é tema dos estudos de Gina Rippon (Ilustração: Otávio Silveira/SAÚDE é Vital) Leia mais em: https://saude.abril.com.br/mente-saudavel/o-mito-dos-cerebros-masculino-e-feminino/

Gina, como também é tratada, esclarece e prova através de estudos científicos que existem diferenças entre os 2 cérebros, mas que estas não revelam qualquer tipo de inferioridade ou de capacidades entre os 2 sexos.

As especificidades refletem sobretudo os papéis sexuais que cada um vai desempenhar, não as capacidades cognitivas, enfatiza. Os seres humanos têm sistemas biológicos semelhantes que se distinguem por alguns fatores, como os cromossomas nas mulheres XX e nos homens XY, os órgãos reprodutivos e hormonas (estrogénio e testosterona) que conduzem a processos cognitivos distintos.

A autora observou inúmeros estudos e artigos que pretendiam provar que o cérebro da mulher era inferior, mesmo com recurso a medições.

A sociedade e mesmo a ciência, segundo ela, foram criando esses mitos ao longo dos séculos em teorias criadas e propagadas com esse propósito por figuras que bem conhecemos como por exemplo, Aristóteles, Charles Darwin ou Friedrich Nietzsche. Considerou mesmo que muitas teorias eram machistas e racistas.

Muito certeiro e alinhado com este assunto, no meu ponto de vista, o testemunho que vos deixo a seguir:

MÁRIO CEITIL
Professor no ISCTE / Executive Education / Presidente da Mesa da Assembleia Geral da APG / Membro do Conselho Nacional dos Psicólogos

DIFERENÇAS OU DEFICIÊNCIAS: ALGUNS EQUÍVOCOS NA "IGUALDADE DE GÉNEROS"

A diferença entre os sexos é a base mais antiga e elementar da estratificação da humanidade em grupos e categorias sociais. E esta estratificação tem permanecido ao longo dos tempos essencialmente por uma razão simples e prosaica, que Erich Fromm, num texto já clássico dos anos 70, assinalava nos seguintes termos: **"O homem e a mulher têm necessidade um do outro: biologicamente, para a manutenção da raça e da família; psicologicamente, para a satisfação dos seus desejos sexuais"** (1970).

Não obstante os termos algo simplistas em que esta afirmação é feita, ao falarmos hoje de "igualdade de géneros" (e restringindo o conceito de "género" apenas ao binómio homem/mulher) julgo que é importante assinalar que a igualdade entre homens e mulheres só será plena e consequente a partir justamente da valorização do que os diferencia.

De facto, numa altura em que tanto se fala na importância da diversidade e das sinergias com base na valorização das diferenças, não faz de todo sentido afirmar que os homens e as mulheres são simplesmente iguais, escamoteando e até negando as virtualidades próprias e específicas de cada um dos géneros.

O problema da (des)igualdade de género não está, portanto, em haver diferenças entre homens e mulheres; o problema está na sua respetiva codificação e valorização social, especificamente pelo facto de, no caso das mulheres, essas **diferenças** serem muitas vezes consideradas como **deficiências**, sobretudo pelos arautos de ideologias sociais retrógradas e ainda profundamente marcadas pelos estigmas de um machismo serôdio. Tais ideologias, que replicam uma frase de Napoleão ao dizer, da mulher, que "a anatomia é o seu destino", têm-se apoiado em certas mitologias ou em interpretações abusivas de dados antropobiológicos, para sustentar que a alegada superioridade do homem resulta do facto de ele ter de compensar a sua natural incapacidade de **procriar**, que é obviamente um atributo exclusivo de "produtividade feminina", através do desenvolvimento do **"único poder que o faz superior a ela: o poder de criar"** (op.cit.)

Não cabendo, neste curto texto, explorar todo o manancial imenso de consequências social e psicologicamente devastadoras de teorias deste tipo que têm servido para branquear práticas sociais discriminatórias e objetivamente atentatórias contra os direitos das mulheres, é de celebrar uma nova consciência que brota das novas condições socioeconómicas das sociedades modernas, que tem possibilitado conquistas assinaláveis na concretização de práticas sociais e profissionais de defesa da dignidade das mulheres e da progressiva e cada vez maior igualdade de oportunidades entre homens e mulheres que, todavia, ainda não está completamente garantida, designadamente a nível de práticas salariais e de acessos a cargos de gestão.

Homens e mulheres são efetivamente diferentes e ambos os géneros têm direito e legitimidade para assumirem essas diferenças. E é justamente a assunção dessas diferenças e a igual possibilidade de elas se exprimirem plena e abertamente nos diferentes contextos sociais, profissionais e familiares que constitui o mais poderoso húmus da construção de um tecido social capaz de sinergias criativas e de renovação constante.

Porque, de facto, homens e mulheres são, antes de tudo, seres humanos que compartilham a mesma potencialidade e o que quer que neles exista de diverso, por diferenças naturais, não os torna obviamente diferentes na sua humanidade.

REFERÊNCIA

FROMM, E. (1970). Sexo e Caráter, in ANSHEN, R.N. (1970), A Família, sua Função e Destino. Lisboa: Editora Meridiano.

Muito Obrigado, Mário!

Na verdade, a história, os hábitos e a cultura encarregam-se de nos mostrar que ainda na barriga da mãe, inconscientemente começamos a traçar o futuro do novo ser humano, um caminho direcionado apenas pela definição dos cromossomas.

Vejamos se é ou não verdade que existe o hábito de quando a criança nasce oferecer coisinhas em azul aos meninos e rosa às meninas, carrinhos ou legos para meninos e bonecas para meninas? É plausível, assim, que os meninos possam vir a ter maior aptidão para engenharia e as meninas para as profissões educativas.

Outro exemplo que ouvimos muito e que, quer queiramos quer não vai moldando a personalidade e fomenta uma postura machista que é "um homem não chora".

Certo é que desta forma se foram influenciando tendências, preferências, construindo em toda a cadeia social uma forma de raciocinar e de agir, que acaba por influenciar a própria ciência, sobretudo quando já existem tendências machistas.

Felizmente existem muitas "Ginas" que provaram cientificamente o que na prática sabemos.

É interessante verificar que em Portugal, na ciência por exemplo, segundo dados relativamente recentes há cada vez mais mulheres cientistas e engenheiras. Não obstante, muito poucas mulheres a ocuparem lugares de topo na hierarquia das instituições. A Dra. Helena Machado, é uma investigadora e professora catedrática do Instituto de Ciências Sociais, em 2022 recebeu o Prémio de Mérito científico, e segundo ela, apenas daqui a uma geração a igualdade de género poderá existir nesta área.

Interessante também observar os seguintes dados, no último senso em 2021 (fonte Pordata): Em média nos ensinos - pré-escolar, básico e secundário as mulheres representavam 78,1% dos docentes. Só no pré-escolar 99% dos docentes são mulheres.

Também ao nível dos gestores de Recursos Humanos a percentagem de mulheres está perto dos 60% segundo dados do relatório de março 2023 da INFORMA B&D

Este estudo releva ainda que dos 2,9 milhões de portugueses no ativo, 42% são mulheres, sendo que as mulheres ocupam apenas 13,9% das direções gerais das empresas e 16,2% dos conselhos de administração.

Quem tiver curiosidade, este estudo apresenta dados interessantíssimos sobre a presença feminina no mercado de trabalho português em todas as áreas.

IV MARCOS DA HISTÓRIA SOBRE A LUTA PELA IGUALDADE DA MULHER

A história da mulher pela igualdade é ancestral e eu não poderia deixar de partilhar esta riqueza num livro que procura também honrar a Mulher.

Pelo que, achei interessante chamar aqui alguns marcos que nos mostram que a luta pela paridade do género atravessa séculos.

Não pretendo transcrever, de todo, para este livro esta luta ao longo de toda a história mas uma vez que este meu livro está "algemado" à liderança feminina, acho que vale a pena revisitarmos alguns dados marcantes.

Há imensas histórias sobre as lutas das mulheres ao longo dos séculos e não resisti em partilhar convosco uma que achei fabulosa e que vos transcrevo. Foi escrita por Eric Sartori no seu livro *L'Histoire des grands scientifiques français*

O facto passou-se durante o período de 300 a.c. De seu nome Agnodice, descendente de uma família nobre grega, vestiu-se de homem para ir estudar para Alexandria. De regresso à Grécia praticou medicina, denunciando a sua identidade apenas às suas pacientes. Esta médica tornou-se muito popular, o que revoltou os seus colegas. Foi condenada à morte, no entanto foi salva no dia do julgamento graças à imposição de centenas de mulheres atenienses.

Relembremos então um pouco do que a história nos relata:

Na era pré-histórica .o homem entendeu que a decisão de procriar, dependia da vontade do casal.

Há época, as mulheres eram consideradas seres superiores pelo facto de terem a capacidade de conceber e de dar à luz os seres humanos. Conta-se que as tarefas eram distribuídas de acordo com a força física de cada pessoa e que a educação das crianças era atribuída ao coletivo.

Na sociedade egípcia a mulher tinha praticamente os mesmos direitos dos homens, o que não ocorria em outras civilizações da mesma época. Elas chegaram a postos que só foram alcançados pelas mulheres novamente na sociedade atual.

Ao que parece, a humanidade começou no caminho correto e assim deveria ter continuado. No entanto, ao longo dos tempos foi-se alterando o estatuto da mulher, sobretudo quando o homem deixou a caça e descobriu a agricultura. Iniciou-se a vida sedentária e intensificaram-se as trocas comerciais.

Para as mulheres os deveres e direitos começaram a mudar com o decorrer dos séculos, quer no Império Grego quer no Romano.

A imagem da mulher foi-se alterando passou a ser vista como serva, usada para prazeres sexuais, para a reprodução, para o cuidado do lar e para a educação dos filhos. Não esquecendo que com a Inquisição a mulher chegou a ser perseguida.

Existem diversos factos históricos que revelam uma total desigualdade e falta de reconhecimentos sobre feitos e descobertas importantes, mesmo científicas, de mulheres que eram desvalorizadas e a quem não era reconhecido o devido mérito.

Apenas em 1903 foi atribuído o primeiro prémio Nobel da Física a uma mulher, em vida, de nome Marie Curie, polaca, que ficou conhecida como a "mãe da física moderna".

Historiadores descobriram através de várias obras escritas por Aristóteles, (384-322 a.C.) filósofo grego, considerado um dos pensadores de grande influência na cultura ocidental, que indicavam que o género feminino era inferior ao masculino. Embora se trate de uma constatação empírica e completamente oposta aos dados científicos, o certo é que perdurou por séculos.

A partir do século XVIII, com o surgimento da corrente Iluminista, começa a verificar-se um movimento com o intuito de valorização da intelectualidade feminina.

Observemos apenas algumas datas importantes na luta pela igualdade:

- 1785 - Foi fundada a primeira sociedade científica para Mulheres nos Países Baixos, em Middelburgo As universidades começaram a permitir o ingresso de mulheres em alguns cursos, mas por exemplo, a mulher não era ainda aceite nos cursos de medicina e direito.
- 1789 – Durante a Revolução Francesa - Foi feita a Declaração dos Direitos da Mulher e da Cidadã, escrita por Olympe des Gouges, uma mulher ativista e defensora

da democracia e dos direitos das mulheres que acabou por ser morta pela sua luta constante em prol dos direitos das mulheres. Esta declaração teve tanto impacto que se encontra, ainda hoje, numa placa de mármore no Palácio Bourbon em Paris.

- 1830 –Na Grã-Bretanha, iniciaram-se várias lutas pelos direitos das mulheres.
- 1888 - Fundação do Conselho Internacional das Mulheres em Paris.
- 1914 – Foi fundado em Portugal "O Conselho Nacional das Mulheres". Em 1947 o Estado Novo ordenou o seu encerramento.
- 1928 - Comissão Interamericana sobre as Mulheres (CIM), para a Região da América Latina
- 1946 - Comissão para o Estatuto da Mulher (CEM) no âmbito das Nações Unidas
- 1948 - A Assembleia Geral da ONU aprovou a Declaração Universal dos Direitos Humanos. Esta declaração fazia referência explícita à igualdade de direitos entre homens e mulheres.

Início das Conferências Mundiais de Mulheres:

- 1975 - Cidade do México - 1ª Conferência Mundial das Nações Unidas sobre as Mulheres. Foi aprovada a Década da Mulher
- 1980 - Copenhaga - 2ª Conferência Mundial das Nações Unidas sobre as Mulheres. Os governos foram convocados a promoverem a igualdade entre mulheres e homens na sociedade dos respetivos países.
- 1985 - Nairobi - 3ª Conferência Mundial das Nações Unidas sobre as Mulheres. Foi demonstrado que os

compromissos internacionais para a evolução desejada estavam a avançar lentamente. Foram aprovadas novas estratégias para o avanço do papel da mulher no futuro das sociedades.

- 1995 - Pequim - 4ª Conferência Mundial das Nações Unidas sobre as Mulheres.

  Esta conferência foi um marco pois dela saiu o programa mais completo sobre os direitos humanos das mulheres, que identificou 12 áreas críticas de preocupação: Pobreza; Educação; Ambiente; Conflito armado; Violência; Direitos humanos; Economia; Meios de informação; Saúde; Tomada de decisões; Direito das meninas; Mecanismos institucionais.

  Este acordo foi assinado por 189 países e é considerado um dos documentos centrais e mais progressivos para o empoderamento das mulheres e raparigas de todo o mundo.

"O avanço das mulheres e a conquista da igualdade entre mulheres e homens são uma questão de direitos humanos e uma condição para a justiça social; não devem, portanto, ser encarados isoladamente, como um problema feminino." Declaração de Pequim e Plataforma de Ação, 1995.

Várias foram as resoluções do Conselho de Segurança das Nações Unidas relativas à proteção das mulheres que surgiram na primeira década de 2000.

- 2005 – Conferência de Pequim 10 anos depois. Foi referido pelo secretário-geral da ONU, na altura Kofi Annan, que 201 milhões de mulheres em todo o mundo não tinham ainda acesso a métodos anticoncecionais eficazes.

- 2010 - Um marco importante **a ONU decidiu criar a ONU Mulheres** para fortalecer e desenvolver esforços mundiais na defesa da paridade de género e dos direitos humanos das mulheres.

Desde sempre muitas mulheres questionaram o seu papel na sociedade e as discriminações a que eram sujeitas e lutaram por isso.

Os ideais da Revolução Francesa e o surgimento da Revolução Industrial proporcionaram o aparecimento de muitos movimentos femininos organizados, dando início a várias contestações em todo o mundo sobre as desigualdades a todos os níveis.

A famosa Simone de Beauvoir (1908-1986), foi escritora, filosofa e feminista francesa. Foi uma referência do pensamento feminista, uma inspiração e um símbolo da luta pela liberdade, igualdade e direitos das mulheres.

A história de que um incêndio numa fábrica têxtil em N.York, em 8 de março de 1857, teria sido a origem do Dia Internacional da Mulher é uma lenda urbana. Na verdade, o Dia Internacional da Mulher foi proposto pela primeira vez em 1910, durante uma Conferência Internacional das Mulheres Socialistas, em Copenhague. A data foi escolhida para homenagear as greves de trabalhadoras russas em 1917, que foram um marco na luta pelos direitos das mulheres. A data foi oficializada pela ONU em 1975.

Ao longo dos séculos, tem-se assistido a muitos avanços, algumas conquistas, sobretudo nos países da Europa.

É interessante observarmos como evoluímos em Portugal nestas conquistas. Carolina Beatriz Ângelo, médica, viúva, foi a primeira mulher a votar em Portugal, corria o ano de 1911.

Um ano após a implementação da República em Portugal, ocorreu em 1911 o primeiro ato eleitoral, sem restrições legais. Mas, 3 anos mais tarde a lei foi corrigida para que só os homens pudessem votar.

Carolina Ângelo aproveitou o erro da lei, que mencionava quem podia votar "*...todos os cidadãos portugueses com mais de 21 anos, que soubessem ler e fossem chefes de família.*" não especificando o género. Ela dirigiu um requerimento ao presidente da comissão do seu bairro em Lisboa, para que na lista constasse o seu nome. Na altura o Juiz proferiu uma sentença histórica ao incluir o nome de Carolina Beatriz Ângelo no recenseamento eleitoral e um mês depois ela pode exercer o direito ao voto.

Esta médica ginecologista, não desistiu de lutar pelo direito ao voto das mulheres portuguesas e passados 20 anos de luta conseguiram de novo o direito ao voto das mulheres, embora com limitações. Só estavam elegíveis as mulheres que tivessem frequentado o ensino superior ou as chamadas "*chefes de família*", um termo que englobava "*mulheres portuguesas, viúvas, divorciadas ou judicialmente separadas de pessoas e bens com família própria e as mulheres cujos maridos estejam ausentes nas colónias ou no estrangeiro*". Três anos depois mais uma conquista, foi alargado o direito de voto, referindo a lei: "*...mulher solteira, maior ou emancipada, quando reconhecida idoneidade moral, que viva inteiramente sobre si e tenha a seu cargo ascendentes, descendentes ou colaterais.*"

No final de ano de 1968, Marcello Caetano alargou o número de elegíveis para todos aqueles que soubessem ler e escrever. Foram existindo conquistas, com muito esforço e muita luta, mas sempre com limitações.

Só com a revolução de abril de **1974 as mulheres adqui-**

rem igualdade na votação.

De realçar que a Nova Zelândia foi o país pioneiro na concessão do direito de voto às mulheres a 19 de setembro de 1893.

Além de Carolina Ângelo, várias figuras foram lutando pela igualdade de direitos. Mais tarde é de realçar o papel de **Maria de Lourdes Pintassilgo**, uma mulher que foi pioneira em quase tudo o que fez.

Foi a 1ª e única mulher Primeira-Ministra em Portugal, à data; e de quem vos deixo uma declaração:

«O feminismo não é a luta das mulheres contra os homens: é a luta das mulheres pela sua autodeterminação; é o processo de libertação de uma cultura subjugada; é a conquista do espaço social e político onde ser mulher tenha lugar».

V O TRABALHO DA ONU E DA COMUNIDADE EUROPEIA NA LUTA PELA IGUALDADE DE GÉNERO

Apesar das inúmeras lutas de mulheres por todo o Mundo, do envolvimento de várias instituições, do excelente trabalho da ONU, das intenções de desbloquear quadros legislativos bem como todo o trabalho realizado na última década, **a desigualdade de género continua em pleno séc. XXI.**

Persiste a violência exercida unicamente por motivo de sexo, a violência doméstica, discriminação no acesso a cargos de liderança e no nível salarial.

Existem países em que a mulher só pode abrir uma conta bancária com a autorização do homem. Outros países em que os maridos podem proibir as mulheres de trabalhar. Em 59 países não possuem leis contra o assédio sexual no ambiente de trabalho

Como é possível não nos sentirmos revoltadas com as tamanhas atrocidades que ainda se passam hoje, como sociedades que proíbem as mulheres de irem à escola e que praticam a mutilação genital feminina.

De acordo com a ONU é uma realidade para cerca de 200 milhões de meninas e mulheres que vivem ainda hoje com o massacre da mutilação genital. Esta prática ocorre principalmente em 30 países na África e no Médio Oriente, em alguns lugares da Ásia e da América Latina bem como entre as populações imigrantes que vivem na Europa Ocidental, América do Norte, Austrália e Nova Zelândia, refere ainda as Nações Unidas.

Trata-se de uma realidade deplorável, primitiva e inadmissível! Segundo a ONU é necessário acelerar ações em 10 vezes para erradicar a mutilação genital feminina até 2030.

De acordo com um relatório da Women, Business and the Law (WBL) do Banco Mundial cerca de 2,4 bilhões de mulheres em idade ativa não têm as mesmas oportunidades económicas que os homens.

As mulheres representam metade da população mundial, ou seja, metade do potencial mundial, que não é totalmente aproveitado para o desenvolvimento humano e das sociedades.

"Estamos no séc. XXI e infelizmente, ainda há um longo caminho a percorrer para alcançar a plena igualdade de direitos e oportunidades entre homens e mulheres" adverte a ONU Mulheres.

Por várias vezes que o secretário-geral da ONU, António Guterres se pronunciou sobre o tema referindo que a igualdade é fundamental para um Mundo melhor.

De realçar que o **5.º Objetivo de Desenvolvimento para a Sustentabilidade na agenda das Nações Unidas para**

2030 é a Igualdade de Género. Homens e Mulheres em pé de igualdade significa também ter mais mulheres em cargos de liderança.

A ONU Mulheres e o Pacto Global das Nações Unidas estabeleceram 7 princípios de empoderamento feminino para que as empresas façam a sua parte na luta pela igualdade de género quer no mercado, quer no ambiente de trabalho, oferecendo condições iguais às dos homens para que as mulheres ocupem posições de poder:

1. Estabelecer liderança corporativa sensível à igualdade de género, no mais alto nível.
2. Tratar todas as mulheres e homens de forma justa no trabalho, respeitando e apoiando os direitos humanos e a não-discriminação.
3. Garantir a saúde, segurança e bem-estar de todas as mulheres e homens que trabalham na empresa.
4. Promover educação, capacitação e desenvolvimento profissional para as mulheres.
5. Apoiar empreendedorismo de mulheres e promover políticas de empoderamento das mulheres através das cadeias de suprimentos e marketing.
6. Promover a igualdade de género através de iniciativas voltadas à comunidade e ao ativismo social.
7. Medir, documentar e publicar os progressos da empresa na promoção da igualdade de género.

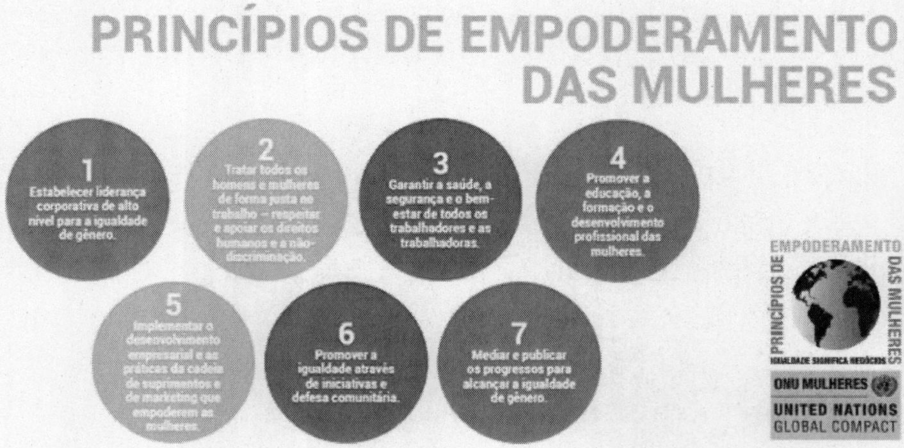

Em 2022 a União Europeia aprovou a diretiva para melhorar o equilíbrio de género nos órgãos sociais das empresas cotadas na bolsa.

Esta diretiva estabelece que no mínimo 40% dos cargos de direção não executiva devem ser ocupados por membros do "sexo sub-representado" (mulheres na sua maioria) e de 33% para lugares executivos.

Esta lei implica que os Estados-Membros até 30 de junho de 2026, terão de a implementar obrigatoriamente na sua legislação nacional, bem como ficam obrigados a publicar anualmente uma lista das empresas que alcançaram os objetivos da diretiva.

Importa saber que a igualdade de tratamento e de oportunidades entre mulheres e homens encontra-se entre os princípios estabelecidos nos Tratados da UE, bem como no Pilar Europeu dos Direitos Sociais, manifesto proclamado pelo Conselho, Parlamento Europeu e Comissão Europeia em 2017.

Felizmente que hoje existem diversas entidades, nacionais e internacionais, que lutam pela igualdade de género, é o caso por exemplo da Global Compact Network Portugal que desafiou as empresas portuguesas a colocarem 40% dos cargos de alta decisão nas mãos das mulheres e estabeleceu como meta o ano de 2030. Vamos a isso! Eu digo que seria fantástico a sociedade portuguesa conseguir tal feito.

Como já vimos, o problema da desvantagem das mulheres no mundo do trabalho atravessa oceanos, mas a boa notícia é que para além das mulheres há também muitos homens a lutarem por este problema social.

Prova disso aqui deixo o testemunho de 3 homens CEOs de empresas que defendem a causa:

RUI FONSECA
CEO ALTRONIX

Quem me conhece, ou já me ouviu falar sobre liderança sabe que acredito que a liderança não é algo inapto a cada pessoa, não é uma caraterística com a qual se nasce, mas sim um conjunto de traços de personalidade, vivências, competências e técnicas para as quais se trabalha. Falar em liderança no feminino é, para mim, falar em diversidade de género, paridade, igualdade de oportunidades, que devem estas assentes nos valores de cada empresa. Falar em liderança no feminino já é mau em si, é para mim um não tema, visto que liderança é liderança, independentemente do género, raça, orientação sexual ou outra qualquer caraterística pessoal.

Na Altronix e há mais de 14 anos, tenho como braço direito uma mulher, a Sandra Rente, nossa Diretora Executiva. A verdade é que numa indústria transformadora, tradicionalmente dominada por homens, 46% dos nossos colaboradores são do género feminino, entre cargos intermédios e gestão.

Acredito em oferecer as mesmas oportunidades de desenvolvimento de carreira a todos os colaboradores, homens ou mulheres. É aquilo que cada um faz com essas ferramentas, que os faz crescer mais ou menos dentro de cada organização. Acredito ainda que a ambição em atingir resultados é imperativa a essa concretização. É também essa vontade que conduz ao sucesso, faz com que cada colaborador coloque o seu foco em melhorar, desenvolver competências, absorver mais conhecimento, funções e consequentemente, responsabilidades. Enquanto gestor e empresário, quero comigo pessoas que entreguem às minhas empresas as suas caraterísticas humanas, as suas competências e a sua entrega. Acredito que o homem e mulher têm caraterísticas únicas e, do meu ponto de vista, a mulher será sempre melhor que o homem em muitos processos e o homem será sempre melhor que a mulher em muitos processos. Um bom gestor e líder deve usar muito bem estas mais valias de ambos os géneros na criação de valor para todos os stakeholders da empresa.

Usando estas premissas e com o propósito alinhado, todos os colaboradores podem chegar mais longe. Havendo oportunidades iguais, não há motivo para que não sejam as mulheres as líderes, visto que a avaliação deve recair sobre as competências técnicas e sociais, a capacidade de entrega, organização, ao qual obviamente devem acrescer competências de gestão de pessoas, no sentido de as liderar para que remem juntos, de encontro aos objetivos macro das empresas.

Sabemos que inerente a ser mulher, atualmente, ainda é imperativo abordarmos a questão da conciliação entre a vida profissional e pessoal. E nesse ponto de vista, importa referir que também é em casa que podemos apoiar a 100% no desenvolvimento profissional dos que nos rodeiam, sejam filhas ou esposas. Considero que numa relação pessoal de partilha, ambos têm de se apoiar no desenvolvimento de ambas as carreiras.

Mais ainda sabemos que recai sobre as mulheres a decisão de estagnarem momentaneamente as suas carreiras, no momento em que decidem aumentar a família. É nessa altura, que cabe também às empresas operacionalizar as suas bandeiras de diversidade e de preocupação para com o bem-estar dos colaboradores. Costumo usar uma expressão: "qual a diferença entre uma mulher que engravida e um homem que parte uma perna a jogar futebol com os amigos". Ambos se irão ausentar da empresa durante um período de tempo. Isso coloca em causa o seu passado profissional ou até o seu futuro? A resposta é inequívoca: não.

Os grandes profissionais fazem-se de atitudes e comportamentos e não de situações momentâneas da sua vida.

A famosa expressão "atrás de um grande homem está sempre uma grande mulher" está obsoleta. Homens e mulheres caminham lado a lado. E como disse, esta paridade deve existir, não só nas empresas, mas na simples decisão de quem faz as compras ou quem leva os filhos à escola.

Às mulheres que têm esta vontade de crescer deixo o conselho: façam o vosso melhor, enquanto se fazem ouvir. Expressem diretamente às vossas chefias que pretendem desenvolver a vossa carreira, com o objetivo de liderar. Aproveitem todas as oportunidades, façam formação, desenvolvam as vossas competências, enquanto apuram as aptidões sociais.

Há 14 anos contratei uma "assistente de atendimento" que me disse "aceito esta vaga, porque sei que é a porta de entrada na Altronix, mas não serei rececionista durante muito tempo". A verdade é que passado duas semanas da sua entrada na Altronix, contratamos alguém para a substituir e mudou imediatamente de funções pelo mérito demonstrado. Neste percurso, teve duas filhas lindas e nunca colocou em causa nenhuma parte do seu trabalho, que sempre executou de forma exímia e com um profissionalismo notável.

Esta profissional é, atualmente, a Diretora Executiva da Altronix, o meu braço direito, uma inspiração para mim em particular e o verdadeiro exemplo para as restantes mulheres Altronix. Espero que um dia seja esse exemplo, também, a realidade do mundo do trabalho.

Muito Obrigado Rui!

RICARDO PARREIRA - CEO da PHC

É inegável que muito se tem discutido acerca da igualdade de género no contexto empresarial. Fala-se da escassez de mulheres em determinados setores e, sobretudo, em cargos de liderança. Um tema importante, mas tantas vezes reduzido à questão de justiça social. Acredito que para compreendermos que a importância da presença feminina nas empresas devemos ir além da questão moral, e enquadrar o contributo que a diversidade traz ao sucesso organizacional. Raramente se explora adequadamente as vantagens concretas da participação das mulheres nas decisões empresariais, o que é surpreendente tendo em conta que quando integramos mulheres nas organizações e lhes conferimos poder de decisão, estamos, na verdade, enriquecendo a diversidade de perspetivas e, por conseguinte, aprimorando as decisões de gestão. Enquanto gestor não quero a diversidade pela diversidade, quero a diversidade porque acredito que ela faz-nos ir mais longe e que as diferentes perspetivas somam e fazem-nos ver o mundo de ângulo que de outra forma nem imaginaríamos. É crucial que as mulheres sejam parte integrante das empresas devido ao valor que acrescentam. Não porque precisamos de preencher uma determinada quota. Acredito firmemente no mérito e na capacidade das mulheres, que gerem tão proficientemente quanto os homens. Não a devemos subestimar, mas sim aproveitar. Então, como podemos efetivamente aumentar a participação feminina nas empresas? Começa por sensibilizar os gestores para que a equidade de género não seja apenas uma questão de justiça, mas também para a evidência de que é uma alavanca para o sucesso e crescimento das empresas. É imperativo defender a diversidade no âmbito das discussões internas nas empresas, incorporando diferentes perspetivas e abordagens para os assuntos em causa. Devemos encarar as diferenças como essenciais para melhorar os processos de decisão coletiva. É crucial valorizar as contribuições das mulheres e evitar que uma minoria se sinta compelida a manter a conformidade superficial por medo de desafiar a opinião dos colegas. No setor em que atuo, a tecnologia da informação em Portugal, as mulheres representam apenas 20% da força de trabalho – um número aquém do ideal. No entanto, esta tendência pode ser revertida com facilidade. Posso dar o exemplo do meu próprio ambiente de trabalho da PHC: onde cerca de metade dos colaboradores são mulheres. O valor dessa diversidade tem sido parte importante do nosso sucesso e dos nossos resultados. Não estamos vinculados a quotas, mas sim à convicção de que a diversidade aprimora os nossos processos internos. É uma questão de cultura que fomenta um equilíbrio natural, pois todos são tratados pela sua humanidade e não pela sua diferença biológica. Se ambicionamos empresas melhores e um sucesso ainda maior, precisamos perceber que a igualdade de género nas empresas é também um meio de aperfeiçoar as decisões tomadas nas nossas organizações. Não o fazer será sempre má gestão

Muito Obrigado Ricardo!

RUI BAIRRADA
CEO | Founder DOUTOR FINANÇAS I Literacia Financeira I Fintech I Autor I Orador

Ajudar as mulheres a chegar ao topo precisamos empoderar ou basta-nos respeitar?

Uma das minhas paixões na vida? Pessoas. Gosto de observá-las, gosto de ouvi-las. Mas gosto ainda mais de senti-las. Se, generosamente, me derem a oportunidade de lhes conhecer os sonhos, os planos e os caminhos que estão a trilhar, o mais certo é que me apaixone. E o tentador passo seguinte é colá-las! O talento e a garra podem ser inebriantes. Quantas vezes já dei por mim, a construir mentalmente hipotéticas super equipas, para ideias e projetos que vou tendo e que tanto precisam de gente talentosa para (quem sabe um dia...) verem a luz do dia. Em todo este processo, asseguro-vos que não há sombra de discriminação. Nunca escolhi um membro de uma equipa por ser homem ou mulher. Vivo convicto de que os sonhos não têm género. Tal como o profissionalismo, a entrega e a dedicação. Quando escolhemos liderar com proximidade, escolhemos lidar com emoções sem escamotear a dureza de algumas histórias de vida. Ao longo dos anos, cruzei-me com homens e mulheres assombrados por experiências profissionais tóxicas, daquelas que deixam marcas e moldam a nossa forma de interagir. E as histórias no feminino são ainda mais duras. Julgadas, preteridas, discriminadas, injustiçadas, pressionadas. Continua a ser tão mais difícil para elas. A admiração que sinto por um conjunto largo de mulheres que há muito fazem a diferença e deixam um legado nos contextos profissionais por onde tenho passado, regada pelo meu inabalável otimismo, faz-me acreditar que os trilhos estão encontrados e que o tão desejado equilíbrio de oportunidades e condições está mais perto de alcançar. Mas, na verdade, o inferno não está só cheio de boas intenções. Parece que está à pinha com números e ações demasiado lentas que mostram o quão estou errado. Ou será que, por cá, temos razões para ver a luzinha ao final do túnel? Contra números, há argumentos? A Organização Internacional do Trabalho (OIT), no seu mais recente relatório, não tem dúvidas: os desequilíbrios de género no acesso ao emprego e às condições de trabalho são ainda maiores do que se pensava; e os progressos na redução destes desequilíbrios têm sido significativamente lentos nas últimas duas décadas. Os números da OIT são assustadoramente cabais: no mundo, 15% das mulheres em idade ativa gostariam de trabalhar, mas não têm emprego, sendo que nesta situação estão apenas 10,5% dos homens. O índice permite ainda comparar e concluir que esta diferença permaneceu quase inalterada entre 2005 e 2022. E se tentarmos chutar para canto e pensar que a maior desigualdade mora em países mais pobres, é perda de tempo. Nos países em desenvolvimento, 24,9% das mulheres não conseguem encontrar um emprego, enquanto apenas 16,6% de homens estão nesta mesma luta. Nestes contextos, as mulheres são quem têm uma maior representação em empregos tidos como vulneráveis, nomeadamente, todas as atividades levadas a cabo em casa ou para familiares. Inevitavelmente, vamos desembocar na carteira. Mais leve, claro. É fazer contas: por este mundo fora, por cada dólar que os homens ganham, as mulheres recebem apenas 51 cêntimos. Vamos a números em território luso? Os costumes, estarão assim tão brandos? Em Portugal, o recente Insight da plataforma Brighter Future, da Fundação José Neves, apurou que, em 2020, o salário médio dos homens licenciados foi de 2.211 euros, um valor 36% superior ao salário médio das mulheres com licenciatura (1.629 euros). Em 2010, a diferença era de aproximadamente 42%. É certo que, com este mesmo nível de escolaridade, a vantagem salarial dos homens comparativamente às mulheres continua a ser expressiva. Mas, a diferença tem vindo a diminuir significativamente nos últimos anos. Os analistas explicam esta redução, em grande parte, com o crescimento mais acentuado do salário médio das mulheres licenciadas no período pós-crise financeira. Entre 2017 e 2020, este crescimento foi de 2,8% para os homens e de 5,4% para as mulheres. Seguimos juntos, lado a lado Os números e as suas leituras. Estas são explicações de quem analisa, compara e desdobra em conclusões tudo aquilo em que se materializa a ausência de respeito pelo potencial e inigualável lugar da mulher no desenvolvimento das sociedades. Eu leio números que nos guiam, ainda que a luz mais pareça de uma antiga candeia. Este é um caminho que as mulheres estão a desbravar, apoiadas

> por homens que, mais do que empoderar, escolhem respeitar. Empoderamento é respeito. É amor na sua forma mais despida de preconceitos. Reconhecer inteligência, capacidade, mérito, força e astúcia a todas as mulheres que desempenham funções, lado a lado com os homens, e que para tal tiveram de galgar muitas mais barreiras e levar menos dinheiro para casa ao final do mês... é empoderamento na sua expressão maior. As mulheres já estão no topo. Lá, estão todas aquelas que o mereceram. E tenho a certeza de que muitas mais se vão juntar. Eu escolho respeitar esta caminhada. Aposto, genuinamente, nos bons. Mulheres ou homens. Nasci de uma guerreira empreendedora, casei com uma inspiradora brilhante e estou a ajudar a educar duas geniais meninas cheias de sonho e de amor pelo próximo. Por estas mulheres, por todas as mulheres, continuarei por aqui, pronto a mandar muros abaixo. E se Elas quiserem, ainda pintamos os escombros de cor-de-rosa. Porque não? O mundo fica tão melhor com cor!

Muito Obrigado, Rui!

Que bom lermos estas declarações, mas ainda vai ter oportunidade de ler mais testemunhos de homens com estas crenças e com estes comportamentos, de louvar, a quem tenho de tirar o chapéu.

Não obstante, no cenário empresarial atual a maioria dos CEOs não se pautam por estes valores ou por práticas de gestão semelhantes.

Algumas pessoas ainda hoje se questionam porque se comemora o Dia da Mulher!

A Resposta como temos observado é simples:

Apesar de todos os avanços relativos aos direitos das mulheres, nenhum país atingiu a igualdade plena entre homens e mulheres, há países que ainda tratam as mulheres como verdadeiras escravas. Têm salários mais baixos do que os homens, precisam de lutar muito mais do que eles para chegarem ao topo e muitas das vezes são alvo de assédio.

Mas que competências é que os homens têm que as mulheres precisam de ter para lá chegar?

Ora não precisamos de colocar a questão nestes termos, porque sabemos que o mundo tem sido governado por homens e ainda vivemos em sociedades machistas.

Os homens têm características classificadas como tipicamente masculinas, como a centralização, racionalidade, competitividade, as mulheres têm uma parte mais emotiva, de maior empatia e de maior capacidade de delegação.

A história mostra-nos que desistir não é opção, a luta pela paridade de género é uma caminhada que tem de continuar e eu quero participar nela convosco, porque a resiliência faz milagres.

Quero ajudar-vos a irem mais longe na carreira, caso seja o vosso desejo, o João diz no seu testemunho que "O mundo precisa das vossas perspetivas únicas", vamos ler, antes de seguirmos para o próximo capítulo.

JOÃO BATISTA
CEO e co-founder The Agency

Empoderamento Feminino: uma obrigação e um privilégio

Vivo num mundo onde o talento não conhece género. No entanto, sei que esta visão não é universal e que, infelizmente, as mulheres continuam a enfrentar desafios injustos e adicionais na sua ascensão profissional.

Numa era de crescente globalização e acesso à informação, é imperdoável que ainda tenhamos de lutar pela igualdade de género. Enquanto líder, sinto que é minha responsabilidade e privilégio não apenas falar sobre a igualdade, mas também agir. E não o faço apenas porque é moralmente correto, mas porque entendo que as organizações, comunidades e sociedades prosperam quando todos os seus elementos, independentemente da sua raça, género ou convicções, são valorizados, respeitados e empoderados. A normalização da igualdade é um imperativo para o progresso da nossa sociedade e para o crescimento da economia.

A trajetória das mulheres é uma lição de coragem. Desde as sufragistas do século passado até às líderes atuais que quebram barreiras, nas empresas, na política, no desporto, ou noutras áreas da sociedade, as mulheres têm demonstrado uma determinação indomável. E eu, como muitos homens conscientes, quero estar ao lado delas, não como um salvador, mas como um aliado.

Na The Agency, reconhecemos a importância de praticar o que pregamos. Numa indústria dominada por mulheres, mas muitas vezes liderada por homens, sabemos que temos de fazer as coisas de forma diferente. Afinal, como pode um líder, que reconhece o valor de todos os membros da sua equipa, ignorar os desafios que as mulheres enfrentam?

Para mim, combater as disparidades de género começa por criar um ambiente seguro onde a igualdade entre pares seja um dado adquirido. Não existe caminho para a igualdade num ambiente hostil no qual não nos sentimos livres e valorizados. O nosso papel enquanto empresa começa na eliminação das barreiras artificiais que impendem a progressão das mulheres e nutrir o talento que se destaca, independentemente do género. Para isso, estabelecemos programas de mentoria, oferecemos cursos de capacitação que incentivam o desenvolvimento de soft e hard skills, e somos absolutamente transparentes em relação à nossa estrutura salarial, assegurando que todos, independentemente do género, sejam remunerados de forma justa pelo trabalho que desempenham. No entanto, as iniciativas da empresa são apenas uma parte da solução.

O verdadeiro desafio é cultural. É mudar mentalidades arraigadas e desafiar os estereótipos de género que ainda persistem. E aqui, o **papel dos homens é crucial.** Precisamos de ser os primeiros a falar quando testemunhamos injustiças, os primeiros a apoiar as colegas femininas nas suas ambições e os primeiros a reconhecer e corrigir os nossos próprios preconceitos.

Para as mulheres que me leem, o meu conselho é simples: • Encontrem o vosso equilíbrio: O trabalho e a vida pessoal devem complementar-se, não competir entre si. A procura incessante de um equilíbrio entre duas dimensões, tendencialmente opostas, pode originar ansiedade, frustração e até burnout. Procurem um estilo de vida que concilie todas as vossas dimensões e procurem oportunidades onde outros veem dificuldades; • Construam a vossa rede: As relações são fundamentais. Através delas, encontrarão oportunidades, apoio e mentoria. Invistam nas relações e encontrem aliados, homens ou mulheres, que acreditem no vosso potencial e que estejam dispostos a apoiar-vos profissionalmente; • Sejam resilientes: A caminhada não será fácil, mas cada obstáculo superado torna-vos mais fortes e capazes. Nunca percam a vontade de continuar a tentar e enfrentem as adversidades com coragem. Liderar não é fácil, mas é recompensador.

O mundo precisa das vossas perspetivas únicas. O verdadeiro propósito da liderança é inspirar, desenvolver e elevar todos aqueles que nos rodeiam. Acredito que a igualdade de género não é apenas uma questão de justiça, mas também de inteligência. As organizações, e a sociedade em geral, só têm a ganhar com a inclusão e o empoderamento das mulheres. Se nos limitarmos a apoiar apenas metade da população, estamos a falhar nesse propósito.

A pergunta que todos devemos fazer, todos os dias, é: **"O que estou a fazer para tornar isto uma realidade?".** E depois, agir em conformidade.

Muito Obrigado, João!

PARTE 2

VAMOS CAMINHAR PARA O TOPO DAS ORGANIZAÇÕES?

VI | IMPÕE-SE AGORA A QUESTÃO: SERÁ QUE CONSIGO LÁ CHEGAR?

Como já vimos, a chegada ao topo no feminino é dificultada por um enorme preconceito social, embora eu considere que há uma parte em que as próprias mulheres poderiam fazer mais!!

Porquê? Porque as mulheres poderiam preparar-se melhor e serem mais audazes.

A verdade é que os homens arriscam muito mais, avançam, atiram-se de cabeça. As mulheres precisam de pensar primeiro, de ponderar e depois perdem as oportunidades, como se diz, perdem o barco, dando sinais de fragilidade.

Eu quero dizer **às mulheres** e por isso escrevi este livro, para **não desistirem dos vossos sonhos**, nunca considerem que não são capazes nem que não vão conseguir.

Quero deixar claro o seguinte, nem todas as mulheres querem chegar ao topo e está tudo certo! No entanto, tenho as minhas dúvidas que apenas uma percentagem ínfima de mulheres portugueses, tenham o sonho de chegarem a CEO, Diretoras Gerais, Presidentes ou outra função semelhante. Não pode ser verdade, as mulheres são tão ambiciosas quanto os homens!

A historia e os diferentes testemunhos de mulheres, que considerei importante deixar-vos para vos inspirar, com histórias de vida riquíssimas, provam precisamente que se a mulher quiser e tiver o devido apoio familiar consegue.

É preciso transformar o medo em sonho. Vejamos o seguinte testemunho de verdadeira superação.

ALEXANDRA ANDRADE
Diretora Geral - Adecco Group Portugal

Estudei Sociologia e especializei-me em criminologia, das poucas certezas que tinha na época era que o mundo da investigação me apaixonava. Iniciar a minha carreira em recursos humanos foi uma feliz coincidência sobretudo porque consegui transpor para os recursos humanos a parte mais interessante de observar pessoas e comportamentos, que era precisamente o que me apaixonava. Ainda assim, senti que iniciava a minha carreira com algumas desvantagens, não era formada em RH, não vinha de uma Universidade de topo e estava a abdicar da paixão pela criminologia. Afinal foi tudo ao contrário do que imaginei.

Ao fim de 6 meses liderava uma pequena equipa e nunca pensei que o fato de gerir pessoas e ser responsável por elas, me desse uma força incrível, como se tivesse superpoderes, não sabendo ainda o que era liderar esforcei-me para ser um exemplo para que existisse um sucesso comum.

Aos 28 anos tive a oportunidade da minha vida, criar uma start-up no maior grupo financeiro português da época. Ao fim de dois anos já fazia parte do Comité de Direção da empresa, sendo a única mulher na área de business sem ter background financeiro, mas com uma força e uma orientação para a superação que não sabia que existiam em mim.

A primeira coisa que fiz foi rodear-me de pessoas que considerava que tinham imenso potencial e com um propósito em comum. Fazer algo único, diferenciador, onde pudéssemos cuidar e desenvolver pessoas. Aprendi muito com os profissionais mais seniores, não só a nível de competências profissionais, mas também pessoais. Aprendi que só conseguimos chegar mais longe se tivermos um espírito de conquista, de grupo, de superação e todos os dias tentarmos ser a melhor versão de nós mesmos.

Sempre fui determinada e acreditei que não existem impossíveis. Tinha obviamente bastantes inseguranças, medo de falhar, ansiedade por não conseguir cumprir os objetivos e passei por momentos de grande stress e provação. Sentia uma grande pressão porque sabia que tinha de estar à altura das expectativas. Hoje sei que, o que me ajudou, foi ter a humildade de pedir sempre ajuda, de pensar sempre que sabia menos do que na verdade sabia, e aceitar todas as minhas fragilidades. É nas adversidades que mais crescemos. Também foi importante pensar que, fosse qual fosse o desfecho, iria manter a minha essência e o meu ADN.

O meu perfil dinâmico, empreendedor e muito diligente foram a combinação perfeita entre exigência e um estilo de liderança de apoio. Criar nas equipas um sentimento de pertença e de segurança psicológica que lhes permitisse arriscar com confiança. Como era bastante jovem tinha um bom equilíbrio na visão estratégica e grande foco na execução. A minha autenticidade permitiu que a empatia entre os pares fosse bastante elevada. O que precisava de melhorar nesse momento era a minha autoconfiança.

Ao fim de 8 anos aconteceu-me a coisa mais espetacular do mundo. Fui mãe! Ao mesmo tempo estava a viver uma fase profissional muito boa, quando regresso de licença de maternidade propõem-me a gestão não de uma, mas três unidades de negócio. Vivia um momento tão importante na minha vida pessoal, mas também tinha uma enorme vontade de experimentar coisas novas e a maternidade fez-me colocar uma série de coisas em questão. Por um lado, sentia uma fragilidade por sair da minha zona de conforto, e por outro uma força incrível de sentir que nada me poderia parar e isso deu-me forças para superar o que estava para vir. E foi assim que aceitei o desafio de ingressar numa multinacional que me permitiu fazer a minha carreira internacional.

Chegou o momento em que decidi sair de Portugal em família, com um bebé de 1 ano e um cão de 1 ano, fomos à aventura para Espanha onde desafiei todos os meus limites. As barreiras linguísticas, uma nova cidade, novas pessoas, com um bebé que dependia muito de mim e com profissionais ao meu lado com bastante experiência, mas depois de ter dado este passo não podia deixar ninguém para trás.

Vivi um boost de energia durante esses 5 anos, uma força incrível, onde cada desafio que aparecia era sentido como uma oportunidade de crescimento. Ao fim de pouco tempo já me sentia parte da equipa e nunca me senti diferente por ser estrangeira ou mulher. Sabia que tinha valências muito diferentes das que eles tinham, mas a minha curiosidade e criatividade, que estavam no seu auge, foram fundamentais para o sucesso.

Acredito plenamente que a melhor forma de nos ajudarmos a nós próprios é não criar barreiras nem limitações porque se não as considerarmos como tal podem tornar-se num superpoder. No meu caso até a barreira linguística e cultural se transformou num motivo de empatia com todos os que comunicava, equipas, colegas clientes, parceiros.

Foi o momento mais feliz da minha vida porque senti que o meu mundo aumentava de dia para dia, a alegria de ver o meu filho a crescer rodeado de tanto amor e carinho e de se sentir português, mas também um pouco espanhol.

Quando temos consciência dos nossos limites acabamos por nos preparar melhor e consequentemente tentar dar o melhor de nós. Nestes 5 anos abracei 4 desafios diferentes em Espanha, era como se cada ano fosse um recomeço, desafiando todas as minhas fragilidades e todas as minhas forças.

Estava rodeada de líderes que acreditavam em mim e sabia que não me deixariam cair, então devolvia esse apoio com a minha energia, a minha autenticidade, o meu foco e o melhor de mim. Tinha como missão deixar líderes preparados para o futuro. Para mim nunca foi importante o título, nunca tinha sonhado com isso, a minha missão foi e vai continuar a ser deixar algo positivo e impactar a vida das pessoas.

Já a desfrutar ao máximo desta experiência recebo um novo desafio, uma função regional baseada em Itália. Desta vez o tema era diferente, estávamos todos muito felizes em Espanha, e mesmo assim, a meio de uma pandemia desafiei novamente a minha família, a mim própria e as nossas rotinas, que já estavam bastante organizadas e seguimos de malas e bagagens para Itália.

Foi o maior desafio da minha vida profissional e pessoal. Encontrei uma cultura bastante diferente da espanhola, colegas menos empáticos. Foi a primeira vez que senti que não era feliz profissionalmente e isso arrastou-se para o âmbito pessoal, no meio da pandemia tudo era um desafio, aprender um novo idioma com máscaras, conhecer pessoas, quando não existia vida social, a adaptação do meu filho neste contexto e um sentimento de solidão enorme.

Foi aí que me agarrei à minha resiliência e à minha família, a um sentimento de que às vezes é importante falhar em determinadas decisões para entendermos o que queremos e o que está certo. Nesse momento surge a oportunidade de voltar para Portugal e não pensei duas vezes. Voltei a sentir as borboletas na barriga, tal como quando sai de Portugal, e senti que era a oportunidade certa para implementar no meu país tudo o que tinha aprendido nos últimos anos, dar ao meu filho a proximidade com a família que é um elemento fundamental do meu equilíbrio e voltar a fazer aquilo que mais gosto, unir pessoas com o mesmo propósito.

Posso concluir que as aprendizagens que tive na minha carreira profissional foi pensar que, se eu não acreditar em mim ninguém vai acreditar, que somos muito mais capazes do que achamos e que é importante encontrar elementos-chave que nos fazem dar o melhor de nós, porque os valores que nos guiam na vida pessoal e profissional são os mesmos, se conseguirmos encontrar esse equilíbrio numa profissão e numa carreira, o sucesso está garantido. O verdadeiro prazer de dar sem pensar no que vamos receber deu-me mais do que aquilo que eu alguma vez imaginaria.

Muito Obrigada Alexandra!

Por vezes, como nos diz a Alexandra nós somos muito mais capazes do que achamos. Por isso desperdiçar oportunidades não é opção!

Fala-se muito hoje em Propósito, está na ordem do dia e ainda bem, porque na verdade se já o tivermos definido tornam-se mais fáceis as nossas decisões, sem propósito o rumo é mais sinuoso!

A origem da palavra Propósito deriva do latim *Propositum*, ou seja, aquilo que eu coloco em frente é, diria, o nosso "*trigger*" da vida!

O Propósito inspira-nos e dá-nos um senso de direção e realização.

Não ter um propósito é andar sem rumo, ele permite-nos as bases sólidas para podermos definir as nossas escolhas, os nossos objetivos e traçarmos o nosso futuro profissional.

No final, com o nosso propósito bem definido, somos mais felizes e podemos contribuir para uma empresa feliz com pessoas felizes a produzirem resultados extraordinários.

Gosto muito desta frase de *William Shakespeare:*

"Todas as graças da mente e do coração se escapam quando o Propósito não é firme"

Por natureza as mulheres são mais resilientes. São mães e cuidadoras, logo aqui criam mais resistência, são mais solidárias, mais humanas, dotadas no improviso e na resolução de problema.

Mas é muito importante para se chegar ao topo, a preparação, ser-se corajosa, firme, aceitar as fragilidades e pedir ajuda caso sintam a necessidade. A fragilidade faz parte da vida do ser humano, precisamos é de saber lidar com ela.

Os animais andam em bando para se protegerem, as pessoas por norma não o fazem!

Não há problema em se pedir ajuda, a mulher não precisa de fazer o percurso sozinha, saber a quem pedir ajuda é que é decisivo. Infelizmente há pessoas que se aproveitam da fragilidade, ou da falta de confiança do outro para subirem a todo o custo. Por isso seja perspicaz quando decide confiar em alguém.

A troca de ideias, o aprender como agir em certas situações é determinante para o sucesso.

Já sabemos que a mulher precisa de provar muito mais do que homem para ocupar o lugar de destaque na hierarquia.

Mas, a mulher nunca se deve sentir inferiorizada em relação ao homem. Os homens são seres humanos como as mulheres, não são melhores nem piores, apenas diferentes por questões genéticas.

E não tenham receio se vos disserem que as mulheres são

vulneráveis, porque os homens também o são, mas num mundo machista não o podem demonstrar!

As diferenças completam-se, a diversidade cognitiva cria maior valor às organizações.

Qualquer que seja a área de negócio ou a dimensão da empresa, há sempre que contar com contratempos, com confrontos, com egos feridos, mas tudo bem, faz parte, há que ter essa consciência, aceitar, dar o melhor.

Errar, levantar, caminhar e como dizia Fernando Pessoa, *"O caminho faz-se caminhando"*.

Um princípio fundamental é respeitar todos e fazer-se respeitar. Não se deve permitir que nos maltratem, infelizmente existe muita gente que não sabe respeitar o outro, mas também há muita gente que baixa a cabeça e que permite ser maltratada de modo omisso.

Na minha vivência empresarial tive de dizer mais do que uma vez que não admitia que me falassem de modo incorreto e resultou. Há que saber impor o respeito.

Enfrentar com respeito é o segredo, falta muito esta coragem e os opressores aproveitam-se desta fraqueza que a mulher tem tendência a revelar.

Há que treinar, só custa a 1ª vez e pergunte a si própria: Mas quem é que é esta pessoa para me falar deste modo?

Não estou a dizer que é fácil mudar o seu paradigma, mas garanto que se nada fizer nada se vai alterar e será o outro a levar a sua avante! É isso que pretende? Pense nisto e faça a sua reflexão!

Não nos devemos deixar intimidar seja por chefias, colegas ou parceiros que por vezes, quer por inveja quer apenas por deformação nos querem colocar barreiras e nos criam dificuldades. Para enfrentarmos estas vicissitudes precisamos de ter a nossa autoestima e o nosso nível de confiança em alta.

Embora hoje já exista algum cuidado com temas de clima organizacional de promover um bom espírito de equipa, programas de bem-estar, etc., estamos ainda longe do ideal. Ainda existe muito autoritarismo e ausência de humanismo em muitas empresas.

Eu sei que situações desagradáveis tendem a acontecer, eu tive essa experiência pois trabalhei em grandes empresas com milhares de pessoas. Cruzei-me com muita gente das mais diversas culturas, formações, ambições, motivações e educação.

A diferença entre ter ou não ter sucesso é saber lidar com toda esta diversidade, que com a globalização e com o trabalho remoto potenciado pelo Covid, será cada vez mais desafiante.

No mundo em que hoje vivemos há ainda que contar com a imprevisibilidade e por vezes até o incompreensível acontece.

Quem diria que iriamos viver o pesadelo do Covid e de seguida uma guerra na Europa, o conflito no Médio Oriente. Por isso se diz que hoje vivemos num mundo BANI (Frágil/ Ansioso/ Não linear/ Imprevisível). Mas tenho por hábito dizer, é o que temos, então vamos lá prepararmo-nos.

A mulher para singrar não tem de fingir o que não é, para progredir precisa é de vincar os seus pontos fortes, ostentá-los até, ser empática, mas assertiva, é preciso mostrar as competências que tem.

Uma regra muito importante é não se desculpar constantemente ou até usar diminutivos tipo "desculpe, mas posso só dizer uma coisinha" ou "desculpe posso dar a minha opinião, são só mais 5 minutinhos".

As mulheres não têm nem devem imitar os homens, é um erro!

Não precisam de se vestir como os homens, ou ter postura de homem.

Existem situações em que as mulheres acham que se se comportarem como os homens têm mais sucesso.

Por favor, NÃO façam isso!!!, não percam a vossa identidade, não se rebaixem, vivam a vossa personalidade.

Homens e Mulheres são diferentes. As oportunidades é que têm de ser iguais.

Pintem ou soltem o cabelo, façam ou não unhas de gel, mas sejam vocês. Claro que há empresas mais formais e temos de nos adaptar, mas não nos podemos colocar ao nível dos homens quanto aos seus hábitos.

Sejam competentes, resilientes, honestas, desenvolvam-se, isto é que é importante.

A este propósito aqui fica um testemunho que espelha tão bem esta questão:

PAULA RESENDE
Managing Partner na WIF Partners
Executive & Team Coach / Leadership Trainer
Sou CEO de mim própria!

"Quero muito inspirar outras mulheres a serem CEOs da sua própria vida!" – este foi o meu pensamento quando a Maria João, que tanto admiro, me desafiou a contar como mudei de vida, criei a minha empresa e vivo alinhada com o meu Propósito de Vida.

E percebi que a minha história começa mais cedo quando, com 25 anos, fui a primeira mulher gestora a integrar uma equipa, numa grande empresa de retalho, numa área totalmente dominada por homens. Foi uma aprendizagem fantástica, tanto para mim (e para as mulheres que vieram logo a seguir), como para eles, que se viram obrigados a mudar comportamentos e não sabiam muito bem como.

Trabalhava-se muito e muitas horas e eles tinham as mulheres em casa, que tratavam dos filhos, da casa, das compras e das refeições – eu não! Ao princípio, procurei desenvolver pontos em comum com os meus colegas homens, porque achava que tinha de ser como eles para me sentir integrada; dei por mim, por exemplo a falar de futebol e a ter os mesmos horários que eles.

Quando fui mãe, percebi finalmente que não queria nem podia ser como eles; e que, ao mesmo tempo, não queria prejudicar o meu trabalho e a minha carreira. Eu gostava do que fazia e queria chegar mais longe. Foi então que decidi assumir o meu papel feminino e tornei-me ainda melhor e mais eficaz profissionalmente. Escolhi ser mais disciplinada no que respeita a horários e a otimizar mais o meu tempo. Aprendi a dizer não a reuniões a começar às 18h e a negociar prazos "para amanhã" que obrigavam a trabalhar uma grande parte da noite. E tornei-me muito melhor profissional, sendo autêntica e vulnerável, liderando equipas com amor e humor e assumindo a minha feminilidade. Em casa também houve mudanças: muni-me de um sistema de apoio – alguém que tratava da casa e ficava com os meus filhos quando estavam doentes – e partilhávamos as tarefas em família. Ainda ouço frequentemente muitas mulheres queixarem-se que, para elas, o "último turno" começa quando chegam a casa e que o marido ajuda no que pode, mas que são elas que têm de fazer tudo sozinhas. Isto é exaustante! É preciso mudar o mindset de ambos: tal como acontece nas equipas, quando as responsabilidades e tarefas são partilhadas, o resultado é muito melhor para todos.

Eu sempre tive uma ideia clara de como queria que o meu percurso profissional evoluísse: ter uma carreira onde aprendesse muito, abraçando novos projetos em diversas áreas do mundo empresarial e chegando a CEO de uma empresa. E foi o que aconteceu! Com altos e baixos, oportunidades ganhas e perdidas – numa dessas oportunidades, foi-me inclusivamente dito que não seria para mim por ser mulher! –, com muito trabalho, resiliência, determinação e muita paixão por tudo a que me propus. Essa paixão levou também, em vários momentos, a um desequilíbrio na minha vida, com a balança a pender para o lado profissional, a desviar-me do rumo e a perder o meu sorriso, que tanto me caracteriza. Esta foi uma das minhas maiores aprendizagens: escolho nunca mais perder o meu sorriso!

Quando saí da última empresa onde era Diretora Geral, já estava a preparar o novo projeto: criar a minha própria empresa, algo que desde a faculdade fazia parte da minha Visão profissional! E assim o fiz, numa altura em que o contexto económico pedia prudência, a passar por uma situação de desemprego e em que todos os conselhos que recebia se resumiam a procurar trabalho por conta de outrem. Esta era, de facto, a solução mais segura (os meus filhos ainda eram pequenos), mas também aquela que a minha intuição me dizia para não seguir. Eu já tinha a minha Visão definida e sabia que queria criar valor na sociedade e no mundo de uma forma muito alinhada com o meu Propósito de Vida (que, entretanto, descobri). E assim, seguindo a minha intuição, co-fundei (com outra mulher!) a WIF Partners, cujo Propósito é "Pessoas Felizes em Organizações humanizadas e sustentáveis". Até hoje, já desenvolvemos pessoas e equipas em dezenas de empresas e acompanhámos milhares de pessoas no seu dia a dia ajudando-as a crescer a nível profissional e pessoal.

Tem sido um mar de rosas? Nem por sombras! Os obstáculos foram e têm sido muitos e a criatividade para os ultrapassar e transformá-los em oportunidades nem sempre é fácil de alcançar. Estou muito grata à minha família pelo suporte que me tem dado e por acreditar em mim. Iniciar um projeto destes ao invés de uma carreira consolidada por conta de outrem, significou um desafio a nível financeiro e muitas horas de trabalho. Estou especialmente grata ao meu marido e aos meus filhos pelo seu apoio incondicional.

Acredito na equidade dos géneros e na sua complementaridade. Felizmente não somos iguais. Quanto às oportunidades.... Sim, infelizmente ainda não são as mesmas, mas cabe-nos a todos – e a nós, mulheres – saber criá-las e agarrá-las.

Aproveito esta oportunidade para partilhar algumas das minhas aprendizagens que, espero, ajudem a inspirar outras mulheres:

- Ter uma Visão holística, que abranja as várias áreas da vida – saber para onde se quer ir e traçar o caminho para lá chegar. E ter a agilidade e flexibilidade para o ir ajustando sempre que necessário e que a vida nos brinde com imprevistos.
- Conhecer o Propósito de vida e viver alinhada com ele. Pode fazê-lo junto de um coach certificado para o efeito. Ter bem claro o que a energiza e faz feliz é um bom ponto de partida.
- Ter um autoconhecimento profundo, acreditar no seu potencial, desenvolver competências e procurar ser 1% melhor todos os dias.
- Ter uma atitude empreendedora e proativa na vida.
- A vida não é só trabalho e é muito importante vivê-la na sua plenitude
- Ser autêntica e ter a coragem de ser vulnerável
- Liderar com Amor por si própria e pelos outros e colocar alegria no que faz. Sorrir e fazer sorrir!
- E quando não corre bem? O mundo não acaba! Nunca se perde: ganha-se e/ou aprende-se!
- Escolher, em cada momento, ser CEO de si própria!"

Muito Obrigada, Paula!

Os estudos mostram que os homens, regra geral, informam-se e atualizam-se mais do que as mulheres. Ora o que a mulher tem de fazer é estudar, atualizar-se, estar ao mesmo nível ou até um passo à frente porque como já se sabe as mulheres têm de provar sempre mais.

As mulheres de sucesso são as mais bem informadas em todos os níveis, estudam, fazem por se atualizar, lêem revistas, vão a eventos, trocam ideias com colegas de outras empresas. Mas, também escutam os colegas internamente com o objetivo de saberem o que se passa à sua volta, com o sentido de poderem contribuir para um melhor clima e uma melhor interajuda entre colegas.

A informação que chega via "informal" também é importante, não no sentido de criar "fofoca", mas porque nos dá a conhecer o ambiente que nos rodeia. Falar com as pessoas, mostrar-lhes disponibilidade, dar-lhes atenção, permite sentir-se o pulsar da empresa, com os devidos filtros esta postura estreita os laços de confiança e de compromisso.

Como se diz, informação é poder, mas é preciso conquistá-la!

A formação contínua é fundamental e a Isabel sendo docente da faculdade Europeia sabe bem o quanto ela é determinante para sermos melhores pessoas e melhores profissionais.

ISABEL MOÇO
Docente Universitária, Membro de Board, Consultora, Formadora, Autora e Speaker

Escolhemos o caminho, e é nele que nos fazemos

Pelas razões da vida, e da(s) vida(s) da minha família, as minhas referências femininas sempre foram muito poderosas. Desde cedo, procurei respostas que permitissem concretizar o que queria, que me impelia a seguir em frente (sempre com muito apoio e incentivo da minha mãe) e a afirmar-me enquanto mulher e ser humano autónomo. Sempre com princípios, valores e ética que me foram passando, os meus pais sempre nos ensinaram que temos de lutar por aquilo que queremos, e apesar de me darem tudo e tudo ajudarem, precisávamos de o merecer e conquistar. Estas referências tornaram-se lemas de vida, que repito muitas vezes: "Se posso e sei, não preciso que me mandem ou peçam" e "se não te parece bem e o podes mudar, tens o dever e a obrigação de o fazer; se não o podes mudar, aprende a viver com isso".

No mundo do empreendedorismo, a desigualdade entre géneros é fruto (ainda) da evolução do ser humano. Ao longo da história, os homens foram frequentemente incentivados a tomar a iniciativa, a arriscar e a liderar. Em contrapartida, as mulheres eram frequentemente encorajadas a reservar-se a papéis secundários ou de suporte. Isto cria uma cultura onde é "mais fácil" para um homem ser visto como empreendedor, enquanto as mulheres, mesmo com competências e ideias semelhantes, têm de lutar mais arduamente para serem reconhecidas. Para mim não! Venho de uma sucessão familiar de mulheres empreendedoras, com dinamismo e iniciativa e isso entrou-me no ADN – como ilustração, conto que deveria ter os meus 11-12 anos quando comecei a fazer e vender, bijuteria de missangas, ou quadros de flores secas. As missangas comprava-as com a minha mãe e passava horas a construir colares e pulseiras. As flores e as folhas usadas nos quadros, apanhava em qualquer canto – por vezes, nos quintais dos vizinhos... hoje, uma enorme gratidão aos meus pais que sempre me ajudaram e apoiaram nesta forma de estar (embora também me tivessem dado uns ralhetes por ficar acordada noite dentro, nestes "empenhos"). A primeira conta bancária foi aberta com o dinheiro realizado neste "empreendimento".

Sou professora, e com essa profissão carrego não só o dever de ensinar, mas também o de moldar mente e carácter – somos responsáveis por formar boas pessoas e esse ideal não abandonarei nunca. Todos os dias, entro numa sala de aula ciente da responsabilidade que tenho na vida de cada aluno. E é através dessa responsabilidade que eu dou voz ao empoderamento feminino, ensinando não apenas com palavras, mas com o exemplo. Mostrando que uma mulher pode ser autónoma, decidida e, ao mesmo tempo, empática, atenciosa, rigorosa e profissional. É meu dever destacar a importância de cada pessoa, ouvindo-as, compreendendo-as e motivando-as a buscarem o seu próprio empoderamento.

No meu caminho, o respeito pela individualidade e pela ética foram os pilares que sempre nortearam as minhas ações. Acredito que cada um de nós tem um papel fundamental na construção de uma sociedade mais justa, onde o género não define limitações ou expectativas. Uma sociedade onde valores e princípios são mais do que palavras, e deverão servir-nos de guia. Acredito, como já relatei, que o verdadeiro empoderamento começa dentro de nós, mas é no coletivo, através da responsabilidade, do ensino e da ética, que ele ganha força e se transforma em mudança. E a cada dia, procuro fazer a minha parte, humildemente, mas com determinação.

O empoderamento feminino é um processo contínuo de consciencialização, aprendizagem e ação, que a seu tempo levará a uma sociedade plenamente justa e equitativa – mas, para isso, é necessário que quem pode ter voz, a use nesse sentido. Aqui ficam então alguns dos princípios que me orientam no contributo que procuro dar todos os dias e sempre que "tenho voz", a uso nesse sentido:

- Aprenda todos os dias – Dizia a minha avó "dia que não se aprende, é dia que não se vive" e acredito verdadeiramente nisso. Assim, invista continuamente em si, adquirindo conhecimento e desenvolvendo competências. Mesmo que não ocupe uma posição de liderança agora, invista sempre nessas competências, pois ficará mais preparado para novas oportunidades.

- Desenvolva a autoconfiança - Acredite em si, nas suas capacidades e talentos. Reconheça os seus pontos fortes e fracos, e melhore todos os dias estes últimos.
- Encontre uma rede de apoio – Trabalhei uns tempos em África e de lá trouxe esta máxima que acho poderosíssima e adotei "Se quiser ir rápido vá sozinho, mas se quiser ir longe, vá acompanhado". Encontre os grupos que acolham e promovam – networking é fundamental, mas há que saber fazê-lo.
- Afirme-se e defenda-se – acredito que tudo é um processo, e por isso não tenha medo de se posicionar, de expressar as suas opiniões e de lutar por aquilo em que acredita... mas nem tudo se pode: atenda sempre, assertivamente, aos outros, aos seus princípios e valores.
- Celebre e recompense - valorize cada vitória, não importa quão pequena ela possa parecer e recompense-se por o conseguir, mas não se esqueça de recompensar os outros que seguiram consigo. Cada passo é um avanço no seu caminho e celebre cada etapa.
- Ajude outros, mas não se esqueça que só o pode fazer se as pessoas souberem que tem essa disponibilidade e vontade, pois nem todos que o querem/precisam lhe vão pedir ajuda.
- Aprenda a dizer "não" e saiba fazer escolhas - estabeleça limites, para si e para os outros, pois ajuda a manter o foco nos seus objetivos. Sempre que disser "não", garanta que está a ensinar os outros a respeitarem o seu tempo e esforço.
- Cuide de si - o autocuidado é fundamental, pelo que deve reservar tempo para si, para o seu bem-estar físico e mental,

pois se estiver bem consigo, estará melhor com os outros.

- Desafie normas e estereótipos - questionar e desafiar normas socioculturais limitativas é papel de qualquer agente de mudança.
- Trate cedo da sua independência financeira, pois isso permitirá ter mais tranquilidade para inovar, desafiar, empreender... se não o conseguir, não deixe de perseguir o seu sonho, pois isso apenas limita a liberdade de escolha.

Os pontos anteriores não são conselhos, nem tão pouco um roadmap para o empoderamento feminino – são apenas o registo do que aprendi no meu caminho.

Muito Obrigada, Isabel!

Considero que é muito importante a mulher questionar-se para traçar o seu futuro, mesmo que mais tarde mude de ideias, mas as questões iluminam-nos, permitem a abertura de novos horizontes.

Então, se numa primeira reflexão considero que quero progredir, devo de novo desafiar o meu status quo:

- Quero continuar como sempre fiz, ou sair da zona de conforto e avançar?

- Será mesmo que quero desenvolver-me para chegar ao topo?

- O meu interesse em progredir é suficiente, é genuíno?

- Eu gosto de falar com as pessoas?

- Sou generosa?

- Consigo gerir o meu tempo?

- Penso nos porquês de um lado e nas respostas do outro?

Estas questões vão ajudá-la numa reflexão mais profunda.

Coloque numa folha os prós e os contra de cada desafio que esteja disposta a enfrentar. Vai ver como tudo fica mais claro.

Eva, uma angolana com um papel determinante na Liderança Feminina no seu País, mudou a sua carreira, saiu da sua zona de conforto, vamos ler a sua história:

EVA ROSA SANTOS
CEO & Fundadora Liderança Feminina em Angola

Uma visão sobre a importância da Liderança Feminina – A tua Voz é importante

Ouvi demasiadas vezes em criança e em adolescente e às vezes já mulher adulta, de que não poderia fazer determinada coisa, de que deveria agir e comportar-me como uma menina e que a minha opinião não contava. Fiquei demasiadas vezes em silêncio, com receio em ter Voz.

Se eu gostava? Nem um bocadinho!

Se eu queria mostrar que era capaz de entrar na Universidade, mesmo quando me diziam que só com notas de 19 e 20 valores, ou que não conseguiria trabalhar em empresas multinacionais, ou que não seria diretora de RH... ou tantas outras "asneiras" que me diziam para diminuir o meu valor.

Bom, a verdade é que me licenciei em 1999 em Psicologia Social e das Organizações no antigo ISCTE em Lisboa (Portugal), trabalhei em empresas multinacionais tais como a Total Angola, Banco Millennium Angola e o Standard Bank, criei Direções de Recursos Humanos, geri mais de 25 colaboradores diretos e indiretos 1.300, reportei diretamente aos Presidentes das Instituições, fiz parte de Conselhos de liderança, criei projetos de raiz com impacto na sociedade... afinal por vezes essas vozes que nos querem destruir, podem servir como alavanca para o nosso sucesso. Fui isso que fiz!

Se tiveres essas vozes na tua vida, tens sempre a opção (mesmo que naquele momento não aches assim) de "ouvir", gerir essa informação e utilizá-la de forma que te fortaleça e jamais que te destrua!

Ao longo da minha vida, tornei-me numa "médica" de organizações, pois fiz a minha carreira profissional na área de Recursos Humanos, área onde tenho trabalhado nos últimos quase 25 anos. No final do ano de 2022 decidi deixar uma posição de Diretora Executiva de Capital Humano e apostar no empreendedorismo, com todos os desafios inerentes, decidi trabalhar em exclusivo nos meus projetos, uma aventura que continua a apaixonar-me apesar de ter saído totalmente da minha zona de conforto, pois apesar de continuar a trabalhar com capacitação e desenvolvimento, na realidade ser empreendedor é ter constantemente uma visão do negócio a 360º.

Sou Fundadora da Liderança Feminina em Angola, da Comunidade de Recursos Humanos, Autora do livro "O meu livro que é o teu livro – Todos temos Voz!" e criadora do método INSPIRA, mentora e coach e oradora internacional. Colaboro ainda em várias organizações sem fins lucrativos, tais como Embaixadora pela Paz (YSP Angola), IWL – Inspired Women Lead, G100 Onneness & Wisdom Country Chair, Vice-Presidente Câmara Comercio Angola India.

Já viste o que deixaria de realizar se tivesse ouvido essas vozes?

O que me liga a todas estas atividades?

Esta visão de que afinal temos uma voz importante e que merece ser ouvida. O querer contribuir de forma activa nos temas sobre a liderança feminina e equidade do género. O querer trazer maior consciência e visão para os nossos desafios enquanto líderes femininas. E tu? Qual a tua voz? O que te leva a ir mais longe?

Se me perguntasses há uns anos, se eu deixaria uma profissão com boa remuneração e abandonaria o conforto que as organizações sempre me proporcionam, para aventurar-me no desejo de transformar e impactar a vida de líderes, sobretudo das líderes femininas eu diria que não, isso não é para mim, pois estava confortável onde estava.

Mas a maturidade, o propósito em transformar do sonho à realidade a Liderança Feminina em Angola, permitiram-me arriscar. Este propósito que se revelou com mais força aos meus 47 anos já se encontrava desde cedo presente na minha vida, apenas abafei por medo, por não me querer expor, pela maternidade, pela falta de tempo que achava que não tinha para estes projetos, porque tinha como objetivo fazer uma carreira profissional na área de RH, porque nunca pensei que poderia ser uma voz que advoga a favor de outras Mulheres.

Mas, porque eu também já ouvi demasiadas vezes a minha voz ser abafada e silenciada, por ser Mulher, quero contribuir para a diferença, não só em Angola onde vivo atualmente, mas no mundo, especialmente na lusofonia.

Porque, continuo a verificar e a sentir a indiferença e a falta de apoio que uma Mulher líder necessita quando assume lugares de liderança. E saber que posso trazer valor e contribuir para a sua capacitação enquanto líder faz-me acreditar que estou no caminho certo.

Todos os indicadores, apontam que estamos cada vez mais longe do 5º ODS (Objetivo de Desenvolvimento Sustentável) da ONU – Igualdade do género, por isso, esta é a minha singela maneira de poder contribuir para deixar um legado à minha filha Beatriz e ao meu filho Pedro, este é o meu legado em que ambos possam ter acesso às mesmas coisas, serem líderes, terem a sua voz, pelas suas competências e espero que não sejam discriminados neste processo pelo seu género.

Esta é a minha forma de dizer a ti, Mulher, que és importante que podes ser a líder de sucesso que desejas ser se quiseres! Assume, a liderança nas diferentes áreas da tua vida: pessoal, familiar, profissional. Porque a liderança começa de dentro para fora e por isso o desafio: Que líder queres ser?

Descubro diariamente que ser líder em Portugal, Angola ou em qualquer outra parte do mundo será sempre um desafio. Deves por isso, estar atenta ao contexto em que te enquadras, aos resultados que pretendes alcançar e à rede de suporte (tão necessária e importante) que tens, porque esta não deve ser uma caminhada solitária a não ser que tu decidas que assim seja!

Neste processo, enquanto te redescobres, ou consolidas a tua liderança, tem o cuidado de começares sempre por ti, CUIDAR é, pois, o primeiro passo para o teu sucesso, para que possas levar os demais ao sucesso. Quando definires para onde queres levar a tua liderança e que líder queres ser CRESCE, para que possas CONSOLIDAR a tua liderança e posteriormente CONQUISTAR todos com a mesma.

A liderança feminina de forma equitativa e inclusiva é possível, basta que homens e mulheres queiram alcançar a mesma e não lutar por ela.

Este é o meu propósito, Ter Voz, Dar Voz, elevar a Mulher Líder, INSPIRANDO-TE!

Muito Obrigada, Eva!

Relembro aqui uma pessoa que há muitos anos de forma muito simplista determinou a minha carreira. Eu tinha concorrido para técnica de recursos humanos e estava na entrevista com o Diretor de RH da empresa quando ele me perguntou, mas a Maria João quer uma carreira técnica ou de gestão, se quer técnica fique por aqui, se quer de gestão então o meu conselho é que procure o que mais gosta! Foi o que fiz, fui-me embora e segui o sonho de gestão.

Quando eu comecei a estudar, almejava ser diretora de recursos de humanos, eu tinha o meu propósito definido, este senhor foi indiretamente responsável por parte daquilo que alcancei, fui até mais longe do que a direção, cheguei à administração!

Ele apenas me questionou! **Veja-se o poder das perguntas!**

No final temos de fazer algo que nos venha de dentro, do coração, da nossa paixão. Precisa de nos dar prazer, nunca me esqueço do que dizia o nosso saudoso Carlos do Carmo "Eu faço o que adoro e ainda me pagam por cima", é este o espírito!

O desenvolvimento de carreira é um tema muito importante da nossa vida, que deve ser alvo especial de atenção para qualquer profissional, sendo que é no trabalho que vamos passar a maior parte da nossa vida, pelo que devemos lutar pelo que nos traz felicidade a nós, a quem connosco trabalha e à nossa família.

A questão é que nós sofremos diversas influências, começando por nós próprios, as nossas dúvidas, os nossos receios, a família, os amigos, o meio envolvente. Neste sentido é muito relevante que se tenha uma compreensão de quais são os valores que nos movem no mundo profissional.

Pensando nesta dúvida, achei pertinente trazer aqui as âncoras de carreira de Edgar Henry Schein, que embora remontem à década de 70 ainda permanecem atuais. Mestre em psicologia pela Universidade de Stanford e Ph.D. em psicologia social pela Universidade de Harvard. Foi considerado uma autoridade no tema da psicologia organizacional, chamaram-lhe o pai do Desenvolvimento Organizacional e criador dos conceitos de cultura corporativa.

Mas afinal o que são âncoras de carreira? Não são mais do que pilares que norteiam as decisões de carreira dos profissionais, elas representam uma combinação das áreas percebidas de competências, valores e motivações de um indivíduo.

Edgar Schein pretendeu ajudar cada profissional no seu autoconhecimento como forma de direcionar a vida profissional.

Baseado nos seus estudos e ensaios ele definiu:

5 âncoras de carreiras básicas

1. Autonomia/independência;
2. Segurança /estabilidade;
3. Competência técnico ou funcional;
4. Competência Administrativa Geral;
5. Criatividade empreendedora;

Mais 3 âncoras de carreira com base em estudos adicionais

6. Dedicação a uma causa;
7. Desafio puro;
8. Estilo de vida

Caso desejem fazer o teste convido-vos a colocarem no google "teste de Edgar Schein" e podem realizá-lo on-line.

Sentirmo-nos bem nas nossas escolhas potencia os nossos resultados e a nossa forma de relacionamento.

Uma mulher líder tem de inspirar a sua equipa, como pode fazê-lo se não estiver feliz? Por isso, sinta-se feliz com as suas escolhas.

As mulheres, por norma, têm tendência a minimizar os

factos. Enquanto um homem diz, "tive este resultado porque sou muito bom no que faço"; a mulher diz, "tive alguma sorte". Esta é uma diferença de paradigma que importa alterar.

É altura de se questionar: Tive sorte? Não! Eu preparei-me, eu conheço as minhas capacidades, eu estou à altura!

A este propósito, muito interessante um testemunho, a autora uma das mais jovens, mas não menos relevante:

MÁRCIA SANTOS
Prof.ISCTE/Lusófona / Formadora Power BI &Excel

A sorte acontece quando a oportunidade encontra alguém preparado para a agarrar

Quando consigo alcançar um objetivo de carreira, é comum ouvir frases como: "Tiveste sorte!", "Parabéns, que sorte a tua!". Quando falho, já não é falta de sorte. Oiço: "Não deste o teu melhor", ou "Pois, devias ter-te empenhado mais.".

Não é sorte atingir um objetivo ou falhá-lo. O que as pessoas designam de sorte, para mim é apenas o encontro de tu estares preparada com as competências adequadas a um perfil que é procurado e a outra pessoa/empresa que procura esse perfil ter visibilidade de ti. É o encaixe entre estas duas circunstâncias.

No meu percurso, procurei capacitar-me ao máximo em competências digitais e expus-me no LinkedIn com publicações de projetos desenvolvidos em programas informáticos. Como consequência, empresas de formação que procuravam um perfil de formador em tecnologias, contactam-me para eu ser formadora porque eu tenho o perfil que elas procuram. Sem a minha capacitação e exposição, as empresas não teriam visibilidade do meu perfil e não me chamariam para agarrar a oportunidade de formação.

Mas no início, quando ainda não tinha muitas ligações no LinkedIn, as publicações que fazia não geravam contactos/interesse por parte das empresas de formação. Na realidade, fiz várias publicações sem muitas interações dos meus contactos e partilhas. Nesta fase, eu podia ter desanimado e deixado de publicar e dar visibilidade dos projetos em tecnologias que eu estava a conseguir desenvolver. Podia ter deixado de seguir o meu objetivo de ser reconhecida como tendo competências nestes programas informáticos. Mas continuei a publicar e mais tarde vieram os frutos.

Seja uma situação em que atinjas um objetivo ou o falhes, vê as duas situações como parte do processo de crescimento. Quando falhamos estamos a aprender com o erro e a tornar-nos melhores; a chegar mais perto do objetivo. Quando atingimos o sucesso, celebramos e passamos para o próximo objetivo.

Não deixes convencer-te que é sorte; dependente das tuas competências e de conseguires dar visibilidade delas às oportunidades.

Caso passes por alguma necessidade, eu já passei, ela vai ser o motor para correres atras das oportunidades. Por vezes nós temos recursos que outras pessoas não têm é verdade, mas hoje eu olho para trás e penso:

"- Já viste a sorte de teres 3 irmãos? 3 pilares emocionais.

- Os teus pais não podem pagar a um explicador, mas tu conseguiste perceber como aprender sozinha.

- Não tens telemóvel, mas brincas na rua com imensos amigos. Vais ter outras competências sociais."

Nunca desistas dos teus sonhos eu não desisti, lutei e consegui.

Muito Obrigada, Márcia!

É fundamental que as mulheres acreditem nelas próprias. Sentem-se à mesa e negociem sem medos, quando se sabe e se está preparado não há que ter receios.

A este propósito deixo uma expressão que Helena Ferro de Gouveia - analista de assuntos internacionais, proferiu numa conferência da Executiva dedicada à liderança feminina! E eu achei, é mesmo isto!

"Ou te sentas à mesa ou fazes parte da ementa!"

Sejam donas do vosso sucesso!

Importa aqui referir algumas situações que no meu entender impedem as mulheres de chegarem mais longe em posições de liderança:

- Não conseguem subir tendo por base a discriminação de género, independente do seu estado civil ou qualquer outro aspeto. Este fator não depende delas, os seguintes sim.
- Sofrem da síndrome do impostor (falaremos dela mais à frente com maior detalhe), não reconhecendo as suas conquistas e o seu valor.
- Consideram que não vão conseguir, ou por causa das tarefas domésticas ou por serem mães, ou seja pela sua condição de cuidadoras.
- Ficam subjugadas à evolução do parceiro, relegando para segundo plano o seu sonho.

Numa relação conjugal, deve existir um bom entendimento e as decisões sobre carreira devem constituir uma responsabilidade assumida entre o casal. Só assim as tarefas podem ser repartidas com sucesso.

As mulheres não se podem deixar rebaixar, mas porque deveriam? A que propósito?

Mantenham-se firmes, as mulheres têm os mesmos direitos que os homens, está na Constituição.

A minha experiência e de muitas executivas, mostra que

podemos ser mães, esposas e desenvolver uma carreira de liderança. A reprodução é imprescindível para a manutenção da nossa espécie, pelo que, a maternidade precisa de ser assumida, isto porque sem as mulheres grávidas não há sucessão, certo?!

Eu fiquei grávida quando estava na faculdade, estudava à noite e trabalhava de dia, não foi nada fácil. De todo, foi até muito cansativo.

Eu morava na margem sul, trabalhava e estudava à noite, em Lisboa, na altura não tinha carro, quando saía da faculdade apanhava três transportes, elétrico, barco-cacilheiro e autocarro, chegava a casa entre as 00h e as 1h. De manhã acordava cedo para ir trabalhar para Lisboa. Esta rotina ocorreu durante 5 anos.

Orgulho-me de ter conseguido terminar a minha licenciatura, com imenso sacrifício pessoal e familiar.

A Helena aceitou desafios, com sacrifício também, mas considera que valeu a pena, aqui fica o seu testemunho:

HELENA FREITAS
Diretora-Geral da Sanofi Portugal

Sou diretora-geral da Sanofi em Portugal, e no meu percurso profissional e de vida existem dois elementos que considero fundamentais, por um lado o autoconhecimento, a procura do que nos faz feliz, para traçar metas e objetivos nesse sentido e por outro estarmos despertos e disponíveis para agarrar as oportunidades quando elas surgem.

Sou natural do Porto e economista de formação. Comecei o meu percurso na auditoria, e durante três anos, entre os 25 e os 28 anos estive em Moçambique. Uma experiência desafiante, numa realidade culturalmente diferente da que conhecia até então. De regresso, e na procura por novos desafios, candidatei-me, por engano a uma área que não queria, a banca. Decidi ainda assim ir à entrevista e esclarecer o equívoco. Essa entrevista foi a porta de entrada na indústria farmacêutica onde me encontro até hoje. Comecei na norte-americana Bristol Myers-Squibb (BMS), num projeto de três meses na área financeira, que acabou por se transformar numa relação de 12 anos. Aqui, rapidamente descobri que o que gostava verdadeiramente era da área de marketing e vendas.

Ainda na BMS, e em plena licença de maternidade da minha filha mais velha, a Teresa, fui desafiada pelo meu diretor da altura a candidatar-me a uma nova função, na área de acesso ao mercado. Uma mudança que na altura não queria. Estava feliz no lugar que ocupava e a nova área era para mim completamente desconhecida. Mas, a oportunidade surgiu e não pude recusá-la. Fiquei então responsável pela área de acesso ao mercado, relações institucionais e comunicação externa, uma área especial na indústria farmacêutica, onde aprendi muito e onde senti que fazia verdadeiramente a diferença.

Quatro anos volvidos impunha-se uma nova mudança e uma necessidade de ir descobrir novos contextos. A farmacêutica francesa Sanofi lançou-me o desafio de assumir a área de acesso ao mercado e public affairs. Foi uma decisão ponderada, passar de uma estrutura norte-americana para uma francesa, mais formal. Aqui tive o privilégio de ver a área pela qual estava responsável crescer e acompanhar uma alteração na forma de trabalhar da companhia a nível global, fazer parte de uma grande transformação organizacional.

Na Sanofi, em fevereiro de 2020 fui desafiada a ficar responsável pela área das vacinas. Mal podia imaginar na altura o que aí vinha. Em março de 2020 esta área ganha uma atenção e projeção que ninguém podia prever e a lua de mel que estava planeada para essa altura teve de ficar em stand by.

Em 2021 nasceu o meu segundo filho, o Manuel, e, novamente em licença de maternidade, surgiu a oportunidade para a Direção-Geral da Sanofi em Portugal. Candidatei-me e fui aceite, tendo iniciado funções assim que regressei da licença. Sei que tive a sorte de trabalhar em companhias em que a equidade de oportunidades é real e a maternidade não foi em nenhum momento fator de discriminação.

Acredito e repito muitas vezes que tudo é possível! É claro que as adversidades e os imprevistos acontecem, mas por isso considero tão fundamental o planeamento, seja numa perspetiva temporal mais longa, de definição de objetivos e metas, seja na organização prática de cada dia. E tenho sempre presente que na necessidade de equilíbrio entre a vida profissional, familiar e pessoal não sou uma supermulher.

Tenho consciência da necessidade de pedir ajuda e de ter uma boa rede de apoio para os desafios de cada dia.

Muito Obrigada, Helena!

Cabe à mulher fazer as suas escolhas de uma forma consciente e pedir ajuda se vê que sozinha não consegue e, tudo bem, é normal.

É preciso coragem para seguirmos em frente quando nos deparamos com obstáctulos. Ninguém disse que era fácil ser líder. Mas sabe tão bem fazermos aquilo que gostamos!

Vi um TED de uma executiva, palestrante de sucesso, de nome Sheryl Sandberg que achei muito interessante, retive as suas mensagens porque acho que são muito reais.

Ela apresenta 3 mitos sobre o equilíbrio entre a maternidade e uma carreira corporativa de sucesso. Aqui os partilho:

1º - *"Querer ser mãe não implica não poder procurar o seu lugar ao sol antes disso".*

Porque não planear o futuro, pensando nele e na constituição da família a dois, tem de existir compromisso, solidariedade entre casal. Não há o direito de serem quase sempre as mulheres a sacrificarem-se pela família.

2º - *"Sucesso e prazer andam juntos. O preço é caro para as mulheres."*

Segundo Sheryl, as mulheres por norma têm de se esforçar 3 vezes mais do que os homens. A nossa escolha tem quer ser entusiasmante, gratificante, devemos sentir que faz a diferença, que nos traz felicidade, alegria e emoção. Nunca devemos perder o nosso entusiamo, se ficamos grávidas, se vamos casar ou se temos de preparar o casamento. Estes temas têm de ser uma tarefa a dois! Os riscos precisam de ser calculados.

3º - *É preciso ter tudo!?*

Na verdade, não se pode ter tudo, há coisas que temos de deixar cair, temos de fazer escolhas! Depois de as fazermos é determinante para o sucesso estarmos alinhadas, focadas no propósito que escolhemos para a nossa vida.

Lembre-se que o Perfeito é inimigo do Bom e que "Feito é melhor do que perfeito" (frase da escritora Elizabeth Gilbert), porque se estamos à espera da perfeição ela pode demorar ou nunca chegar.

Ninguém é perfeito!

As mulheres têm poder, têm força, são mães, esposas, profissionais, cuidadoras muitas vezes dos pais ou até dos avós.

Ora se conseguem ter multitarefas é uma pena que muitas mulheres não pelejem chegar mais longe.

As mulheres devem sensibilizar e responsabilizar o seu par no que toca à distribuição de tarefas.

Gostaria também de expressar aqui o quanto é importante a união entre as mulheres, porque num mundo dominado por homens as mulheres deveriam estar mais juntas, na luta, na interajuda. A esta união entre as mulheres dá-se o nome de sororidade.

De certa forma a sororidade potencia o empoderamento porque promove a solidariedade, o companheirismo a empatia e o apoio mútuo. Não é mais do que a união das mulheres com o mesmo propósito.

Noto que nas organizações e mesmo na sociedade não existe muito este espírito, é pena porque como sabemos a união faz a força e a mulher tem uma luta hercúlea pela frente para alcançar a igualdade de género.

Deixo aqui o apelo a uma maior cumplicidade entre as mulheres, ajudem-se mutuamente e as conquistas serão menos duras.

Mas, felizmente que existem na sociedade pessoas que se interessam e lutam juntas, sem preconceitos e por uma causa maior, deixo aqui o testemunho da Patricia, uma mulher resiliente pelo bem comum.

PATRICIA ROCHA
Diretora Executiva Fundação Manuel Violante

Mais ou menos sem ter consciência, já em miúda o tema da desigualdade me causava desconforto. Talvez até mais estranheza do que desconforto. Quando somos miúdos há muita coisa que não percebemos e que não conseguimos avaliar como certa ou errada. Soa-nos mal, mas se calhar é só a nós e a estranheza é nossa e não do mundo. Apesar disso vivia bem com isso, assim como vivia bem com ter um metro e meio ou um horrível cabelo aos caracóis. Desconfortável, mas a viver com isso. Talvez por isso nunca pensei ou sequer questionei a possibilidade da minha vida futura cruzar-se com o combate a esta desigualdade.

Aos 15 anos decidi que queria ir para economia para a Nova e assim foi. Economia e a Nova foram uma escolha desde o início e contrária à dos meus amigos. Adorei o meu curso e adorei a faculdade. Aprendi a trabalhar, aprendi a que afinal os 20 não são tão fáceis de tirar, como estava habituada no liceu, ganhei ritmo e noção de compromisso.

Durante os anos da faculdade e talvez porque a sensibilidade para os temas sociais continuasse a existir sem que desse por ela, pertenci a um executivo de uma Junta de Freguesia. Essa experiência no poder local foi esclarecedora, o tema social interessava-me. As diferentes realidades que coabitam, mas não tocam. A falta de oportunidade ao lado de todas as oportunidades do mundo. A inexplicável indiferença com que a maior parte vive com isso.

Durante os 4 anos em que descobri as realidades escondidas do concelho onde vivo percebi que não podia, não tinha o direito, de ser indiferente. Nessa altura tive a certeza de que as voltas da vida me colocariam nesse caminho, só tinha de continuar.

Comecei a minha carreira no setor privado, na área financeira do grupo Águas de Portugal, pelas mãos de uma mulher que me desafiou a ir abrir uma participada do grupo para o Alentejo. Lembro-me da Fátima (Borges) me dizer: é pertinho, é quase como o que fazes todos os dias a vir de Cascais para Lisboa. Bem, não é assim tão perto, mas a verdade é que foram anos bons da minha vida. Fui dirigir o departamento financeiro das Águas do Centro Alentejo e com isso viver em Portalegre.

São inacreditáveis as assimetrias que ainda existem num país tão pequenino. Portalegre foi um desafio, imprimir o meu ritmo à equipa foi um dos primeiros obstáculos que tive de ultrapassar. Fora de Lisboa e do Porto, ainda se vive a um tempo diferente. Foi em Portalegre que conheci uma das minhas melhores amigas e com quem fui fazendo a carreira profissional. Foi uma experiência que me obrigou a desenvolver competências pessoais e sociais que provavelmente não teria desenvolvido se tivesse ficado em Lisboa.

Aprendi com diferentes estares, diferentes formas de fazer, de olhar para o mundo e até de viver. Aprendi que manter o caminho em circunstâncias inesperadas obriga à compreensão, à colaboração e à entreajuda.

Pensado à distância diria que os mesmos princípios que me desconfortavam na adolescência em relação às injustiças, foram os mesmos que me mostraram que o caminho se pode fazer por estradas menos óbvias. A capacidade de entender a realidade como muito mais do que a que se desenha na nossa cabeça, a tolerância, a inclusão e acima de tudo a confiança e a fé nos outros ajudaram-me muito até regressar a Lisboa. Regressei já casada e com uma filha. A minha filha mais velha nasceu quando acumulava funções de diretora financeira nas Águas do Norte Alentejano e nas Águas do Centro Alentejo (em Évora). Nessa altura era uma mulher do asfalto :) todos os dias fazia Estoril - Évora - Estoril. De facto, quando se faz o que se gosta os limites esticam e o difícil para ser reconhecido como apenas necessário.

Quando as exigências familiares passaram a pesar mais do que o prazer que tinha no que fazia mudei-me profissionalmente para Lisboa e integrei a equipa da ERSAR. Foram anos diferentes com responsabilidades e desafios diferentes.

Tive contactos com outros modelos de liderança que me permitiram ir consolidando o meu.

Estabeleci o que queria e não queria ser enquanto líder, mas também enquanto elemento de uma equipa. Aprendi que nem sempre é possível sentir realização profissional, mas que quando essa lacuna existe devemos seguir caminho.

Acredito no propósito individual de cada um e que devemos encontrar o nosso.

Eu encontrei o meu na economia social. Assim como sempre suspeitei. Cheguei à economia social, e à Fundação Manuel Violante, por acaso (terá sido por acaso?) e é a trabalhar com organizações sociais e as suas pessoas que me sinto inteiramente realizada. Saber que contribuo para um bem maior. Que somos mesmo mais do que a soma das partes. Não sabia nada do setor quando cheguei e os primeiros anos foram passados a aprender. Conhecer os diferentes perfis de organizações, o seu trabalho, as suas pessoas, mas principalmente conhecer quem ajudam, de quem cuidam. Acho que esse foi o aspeto que me prendeu definitivamente.

Finalmente estava num sítio onde o meu impacto (ainda que indireto) é na vida das pessoas. Isso fez-me toda a diferença. Não posso de maneira nenhuma desligar esse prazer do facto de o exercer numa organização sem fins lucrativos que nasceu da vontade de um grupo de pessoas com quem pude aprender muito e construir a profissional que hoje sou. A Fundação foi criada com o propósito de homenagear o Manuel da Silva Violante, o partner da consultora McKinsey que inaugurou o escritório de Lisboa. Do nosso ADN faz parte o Manuel e a McKinsey. Os valores e os princípios. O compromisso e a responsabilidade. A vontade de ter impacto.

O meu papel enquanto diretora executiva da Fundação é unir o melhor destes dois mundos, o social e o privado, e garantir que do seu trabalho conjunto é criado valor social. Sou apaixonada pelo setor e pelo meu trabalho. Nesta altura, com 15 anos desta função, já trabalhei com perto de 400 organizações e outras tantas equipas e lideranças. Nestes últimos 15 anos passei momentos pessoais desafiantes que me esforcei para que se tornassem numa força inspiradora e não de bloqueio. Na Fundação preocupamo-nos em walk the talk e o que ensinamos é o que procuramos viver. Somos uma organização inclusiva e democrática. Acreditamos que todas as organizações sociais que apoiamos conseguem atingir o seu máximo potencial se o quiserem, nós existimos para lhes dar o empurrão de que estão à espera. Organização a organização mudamos o mindset do setor. Com uma abordagem mais disruptiva desafiamos as organizações a experimentar, a ir por caminhos novos, a aprender com os outros e acima de tudo a pôr o seu potencial à prova. Não acreditamos na caridade, nos coitadinhos ou em impossíveis.

Somos uma energia transformadora no setor. Para mantermos esta energia a crescer, principalmente quando já não somos uma organização recente, temos ao nosso lado as pessoas certas. É na família FMV que esta energia se cria e depois se partilha. Voluntários, parceiros e equipa todos comungam do mesmo propósito e vivem os mesmos valores. Liderar uma equipa com tantos e diferentes perfis, com tantas e diferentes ligações à organização é um desafio diário. Para além dos conhecimentos em gestão, que também fui desenvolvendo ao longo do tempo, o que me inspira para esta liderança é a minha vida pessoal e o meu propósito.

Tenho presente que cada pessoa é única e que não existe one size fits all quando falamos de pessoas. As minhas duas filhas mostram-me isso diariamente, o que funciona com uma não funciona com outra. Profissionalmente é o mesmo. Cada elemento da minha equipa, cada voluntário ou cada líder da economia social é único. E é nessa diversidade que está a nossa força.

Muito Obrigada, Patricia!

Passamos agora para um capítulo, não menos importante, **vamos falar de emoções. Porquê? porque eu posso ter o meu propósito definido, ser muito culta, ter uma excelente rede de contactos, mas se não conseguir gerir as minhas emoções então o meu sucesso fica comprometido.**

VII “NO FINAL SÃO AS EMOÇÕES!”

Nos inícios da minha vida profissional dizia-se que devíamos agir pela razão e que os problemas que as pessoas pudessem ter a nível pessoal ficavam fora da empresa.

Pois este paradigma mudou por completo! E mudou por vários fatores, sabemos que o mundo de hoje apela à humanização, ao facto de sermos solidários. Muitas empresas hoje, estão apostadas em oferecer aos seus colaboradores linhas de psicologia para os ajudarem em situações de stress, combatendo também o *burnout*. Ainda assim, observamos níveis elevados de *burnout* nas empresas. Por isso muito cuidado! Num capítulo mais à frente darei umas sugestões que a podem ajudar a gerir o seu stress, caso o sinta, ou para o evitar!

Importa realçar no campo das emoções os estudos, as investigações do Professor António Damásio que destronou o postulado de Descartes, em que as boas decisões dependiam exclusivamente da razão. O professor provou que **sem emoções é impossível tomar decisões.**

António Damásio é um neurocientista das emoções, a quem chamam o Mago do cérebro, pela sua dedicação ao estudo do cérebro. Uma figura mundialmente reconhecida, com cinco décadas de estudo nestes temas.

Descreve a emoção da seguinte forma:

"A emoção é um conjunto de todas as respostas motoras que o cérebro faz aparecer no corpo em resposta a algum evento. É um programa de movimentos como a aceleração ou desaceleração do batimento do coração, tensão ou relaxamento dos músculos e assim por diante"

"As emoções e os sentimentos não são um luxo, são a maneira de comunicar nossos estados mentais às outras pessoas. Mas também são um roteiro para poder tomar decisões".

As nossas emoções orientam e influenciam o nosso comportamento e precedem os nossos sentimentos.

Assim, os sentimentos são, por definição, a experiência mental que nós temos do que se passa no corpo.

Segundo o professor a emoção pode ver-se por exemplo na nossa cara, no nosso corpo, o sentimento nós não o vemos, podemos estar muito tristes, mas não manifestar este sentimento, ele fica dentro de nós.

A emoção é uma reação que surge de forma imediata a um estímulo, é algo que nos move e que não envolve pensamento. Já o sentimento envolve a componente cognitiva, porque nós conseguimos enganar a terceiros a forma como nos sentimos.

É interessante esta análise para podermos refletir sobre a importância das emoções em nós e como as devemos gerir, até porque as emoções que demonstramos são contagiantes.

Assim, se eu demonstro tristeza no meu rosto durante todo o dia é normal que à minha volta o ambiente possa ser triste e pesado, mas se ao contrário eu estou bem disposta posso proporcionar um ambiente de alegria, de partilha e a partilha é uma "arma" de quem lidera.

Desde cedo nos ensinam na psicologia que comportamento gera comportamento e que a nossa linguagem não-verbal influencia mais do que uma qualquer palavra verbalizada.

Se sorrimos, sorriem para nós, se cumprimentamos, respondem-nos, por norma!

"A coisa mais importante de todas é que o corpo é o apoio para a mente. Não seria possível haver uma estrutura mental se não houvesse uma estrutura corporal"

António Damásio sobre o corpo e a mente.

Isto significa que precisamos mesmo de cuidar quer do nosso corpo, quer da nossa mente!

Por tal, este tema é chave para quem está no topo.

É perfeitamente normal que tenhamos dias melhores do que outros, o que é importante é estarmos preparados para lidarmos com os piores. A boa notícia é que existem algumas técnicas que nos ajudam a levantar o nosso astral e mantermos uma postura correta perante adversidades.

Devemos falar com o nosso cérebro, treiná-lo, dizendo-lhe como nos queremos sentir ou pensar quando alguma coisa corre de forma diferente da que estamos habituados.

São técnicas que exigem treino, se o fizermos uma ou duas vezes não vamos ter resultados.

Deixo-vos uma técnica muito simples que passa por escrever, transferir os nossos problemas, as nossas ansiedades para o papel.

Primeiro, asseguram os especialistas, usar sempre folhas brancas sem linhas. O que eu quero transformar deve estar no lado direito, i.é. o meu futuro. No meio o hoje e no lado esquerdo, o meu problema o ontem.

Em PNL (Programação Neurolinguística) diz-se que o nosso cérebro conhece estas técnicas. É chamar o cérebro à terra!!!, falar com ele, desafiá-lo, obrigá-lo a pensar diferente e a ver novos caminhos, mas com confiança.

Quem fica apenas no passado não avança para o Futuro! A preocupação deve dar lugar a uma pré-ocupação!

No final, o que pretendemos é reeducar ou ressignificar o nosso cérebro. **Aconteça o que acontecer temos de acreditar que conseguimos resolver!** Esta afirmação é poderosa, saiba introduzi-la no seu dia a dia e comece a ver as diferenças.

O nosso cérebro é preguiçoso, habitua-se ao conforto, ou o desafiamos ou o deixamos ficar. A escolha é nossa!

Outro aspeto muito importante é o de **sermos gratos com o que temos, a gratidão revigora a alma.**

Você tem por hábito agradecer?

O que podemos agradecer? Tanta coisa, basta refletir o que a vida nos oferece de bom, pode ser por exemplo o facto de:

- Estarmos vivos, termos família, termos casa, amigos, trabalho.

Há quem não tenha acesso à educação base, ou quem gostasse de ir para a Faculdade e não consiga, entre tantas outras coisas.

Tive um colega, o João L., que dizia, “eu acordo mexo os dedinhos dos pés e digo, que bom mais um dia, estou vivo”.

Mostrar gratidão, reconhecer, recompensar, dar graças! Estas ações fazem sentido para si?

É que, quanto mais se agradece mais o coração aquece!

Sabia que o dia 21 de setembro é o Dia Mundial da Gratidão? Coloque na sua agenda!

Quero deixar-vos aqui um testemunho vindo de Cabo Verde, de uma mulher que lutou pela sua carreira, mas que conhece o valor da gratidão, prova disso a forma como termina o seu texto:

LÚCIA BRITO
A Mulher Fénix - Cabo Verde

CEO da Dilub Corporate Services e MIMOS Eventos & Serviços, Fundadora do Movimento MIM (Mulher Inspira Mulher) Marketeer, Gestora de Negócio e Empreendedora, com formação também em Cooperação para África- Relações Internacionais e Formadora de Formadores.

Iniciei o meu percurso profissional aos 18 anos. De uma família humilde e numerosa, da ilha das Montanhas, Santo Antão-Cabo Verde. Decidi trabalhar para um restaurante para poder pagar os meus estudos secundários, visando reduzir os encargos dos meus pais, visto sermos 6 irmãos a estudar. Fazia de tudo neste restaurante, cozinha, servia as mesas, ia às compras, organizava atividades de lazer e diversão a grupo de turistas, entre outras atividades.

Mais tarde e num período de 1 ano, ainda a trabalhar neste restaurante, como responsável, recebi uma proposta de trabalho de um grupo italiano, ligada a Indústria Cimenteira, com a função de gestora de vendas na cidade de Porto Novo, ainda na ilha de Santo Antão. Depois de alguns meses de trabalho na minha ilha, entenderem que seria uma mais-valia estando na ilha do Sal, a Sede da Empresa. E lá vou eu!

Mas a minha passagem pela ilha do Sal foi curta, tinha a pretensão de iniciar os meus estudos universitários e no Sal não havia esta possibilidade.

Para assegurar um dos meus principais objetivos, na altura, iniciar os estudos universitários, decidi imigrar para a Cidade do Mindelo, Ilha de São Vicente. Concluí os meus estudos universitários e trabalhei num grupo de referência por sete anos.

Permaneci nesta ilha por mais de 15 anos, onde trabalhei, estudei e fui mãe. Foram momentos extraordinários e desafiadores a todos os níveis, porém gratificantes. Hoje considero-me uma mulher resiliente e muito feliz com o meu percurso de vida, quer pessoal, quer profissional.

Quando olho para o meu percurso, o meu sentimento é de enorme gratidão, sobretudo pelas conquistas, desafios, vitórias, os momentos menos bons e que não foram poucos, mas sempre firme e convicta do meu propósito e objetivo. Foi uma fase que me preparou para a vida, deu-me bagagem, resiliência, maturidade e mais responsabilidade, para assegurar os desafios futuros.

Nunca desisti dos meus sonhos, sempre fui resiliente!

Com a crise imobiliária de 2008 e alinhado aos meus objetivos de carreira, fui trabalhar para outra empresa ligada a área de produção e comercialização de produtos alimentícios.

Neste meio tempo, ousei-me em desenvolver três projetos, ligada as áreas de restauração, comercio e eventos, que geraram mais de 15 postos de trabalho fixos e outros em regime de prestação de serviços.

Sempre fui uma jovem ousada e vibrada por desafios, **"o céu é o limite"** sempre corro atrás dos meus sonhos. **"Se o**

seu sonho não lhe assusta, ele não é grande o suficiente".

Senti a necessidade de trabalhar num mercado maior em termos de dimensão e oportunidade, e imigrei para a ilha de Santiago-Praia, a Capital, onde abracei um novo desafio profissional com um grupo hoteleiro de referência no arquipélago. Desempenhava a função de responsável Comercial e Eventos, num dos hotéis. Devido à pandemia, foi uma passagem rápida, (1 ano), porém de grandes desafios e aprendizado a todos os níveis. Confesso que foi um dos maiores desafios dos últimos tempos, pois, veio coincidir como a crise sanitária que enfrentávamos.

A minha mente inquieta e a minha vontade em ajudar, levou-me paralelamente, a participar em projetos de voluntariado e social, empoderamento da Mulher e meninas, autoconhecimento, questões de género no geral. Nesta linha surgiu **o movimento Mulher Inspira Mulher,** na qual sou fundadora. O objetivo principal deste projeto é ajudar outras meninas e mulheres a encontrarem o seu propósito de vida. Sobretudo, torná-las mais resilientes e autónomas.

Após uma análise cuidada, decidi mais uma vez, investir no meu projeto pessoal e familiar, sou atualmente Fundadora e Diretora Geral da Dilub Corporate Service, uma empresa de assessoria e Consultoria Empresarial e de Eventos Corporativos chave na mão, tendo como entidade jurídica e fiscal a Mimos Eventos e Serviços.

A minha maior motivação é sem dúvida a família, esposa e mãe do príncipe Diogo Lélis de 13 anos e da princesa Lunna Alice de 6 anos. Eles são o meu combustível. Embora nunca deixasse para um 2º plano a luta pela evolução profissional. Com boa vontade e ajuda conseguimos conciliar as 2 vertentes, família e profissão!

O mais importante da vida não é a situação em que estamos, mas a direção para a qual nos caminhamos.

Oliver Holmes

Ainda existe muito trabalho a fazer em Cabo Verde no âmbito da igualdade de género e de oportunidades de carreira de topo, da minha parte continuarei a dar o meu contributo para empoderar as mulheres e ajudá-las nas suas carreiras.

Um especial agradecimento a todos os atores que contribuíram e contribuem, para o meu percurso que considero ser de sucesso. Sim! Só tenho a agradecer pela mulher, mãe, esposa e profissional que me tornei. **Dona do meu destino.**

Quero também deixar uma mensagem de grande coragem a todas as mulheres para lutarem assim como eu para serem donas dos próprios destinos!

Muito Obrigada, Lúcia!

No mundo atual, cada vez mais precisamos de calor humano, de humanização nas relações, quer pessoais quer profissionais.

Faça o seguinte exercício:

- Pense no que pode agradecer todos os dias, digo-lhe que em 60 segundos consegue agradecer o suficiente para um dia. É muito tempo?

  É só criar o hábito e vai sentir-se bem mais leve e mais feliz.

  Nós temos muito a tendência de nos queixarmos, deixo a questão: para que nos serve o queixume?

  Li um livro, bem interessante, em que o seu autor, o

Ricardo C., revelou que todos os dias agradece 3 coisas que lhe aconteceram.

Crie algo que a inspire, um talismã, pequenas notas no computador, post-its, ou por exemplo, usar o screensaver para se relembrar assim que abre o PC.

O céu é o limite, basta pensar o que para si faz sentido.

Aproveite e comece já a treinar, escreva aqui o que lhe apetece agradecer hoje:

____

____

____

____

____

____

____

Lembre-se, este exercício é o início!

Os Líderes, necessitam de passar energia, confiança às suas equipas, inspirá-las e também mostrar-lhes gratidão.

Neste tema considera-se que as mulheres apresentam muito mais sensibilidade e que de uma forma geral conseguem compreender e motivar com melhores resultados as suas equipas.

Hoje fala-se em *human centric management*, em que as lideranças devem desenvolver políticas em que as pessoas se sintam bem. A humanização está na ordem do dia, as pessoas querem e com legitimidade serem bem tratadas, pelo que o líder de hoje tem de ser solidário, estar atento aos sinais dos seus colaboradores.

Os líderes exemplares, são inspiradores, são geradores de confiança, têm a preocupação de envolver e comprometer as equipas.

Segundo Simon Sinek, autor, palestrante e consultor prestigiado, na área da liderança e gestão, diz-nos que os líderes não cuidam de resultados, mas sim das pessoas que geram os resultados.

Quando as pessoas são tratadas com dignidade, igualdade e respeito, retribuem a atenção que recebem.

Adoro esta declamação de Madre Teresa de Calcutá, pessoa que eu sempre admirei, fala-nos da Vida. Considero que é uma declamação altamente inspiradora e que vos deixo para servir de inspiração quando assim precisarem:

- A vida é uma oportunidade, aproveita-a
- A vida é beleza, admire-a
- A vida é o sonho, torne-o realidade
- A vida é um desafio, enfrente-o.
- A vida é um dever, cumpra-o.
- A vida é preciosa, cuide dela.
- A vida é riqueza, conserve-a.
- A vida é tristeza, supere-a.
- A vida é um hino, cante-o.
- A vida é um combate, aceite-o.
- A vida é aventura, encare-a!
- A vida é felicidade, merece-a.
- A vida é vida. Defende-a!

Vamos continuar para um novo capítulo, a Cristina, a minha "voz" do Brasil, vai perguntar-lhe se está pronta:

CRISTINA PORTO
Palestrante, consultora e Professora PUCRS Brasil
Membro da Lusofonia Digital.

UMA REFLEXÃO PARA MULHERES EMPREENDEDORAS...

Você está pronta?

Talvez essa seja uma pergunta importante a ser feita quando você pensa "Agora chega de trabalhar, vou empreender."

Você está realmente pronta para investir? Eu posso responder por mim: eu não estava. Em todas as vezes que achei que tinha feito o bastante, ainda assim não era o suficiente. Então, primeiro de tudo não pense em "parar de trabalhar" para empreender. Você ainda nem começou a trabalhar...

Depois, avalie sua capacidade e energia para investir. Investir seu tempo. Você vai precisar dedicar muito ou quase todo seu tempo para fazer a roda girar. Não tem cartão ponto, nem hora extra e nem final de semana. Você precisa trabalhar quando for mais rentável. Quando seus clientes demandam seu trabalho. Quer ter uma empresa de eventos? Vai trabalhar de madrugada, feriados e finais de semana. Quer ter uma empresa de gastronomia? Vai cozinhar nos mais diversos horários do dia e nos outros, vai fazer as compras para repor seus suprimentos. Você pode ser um palestrante também e, vai ter de considerar os horários de reunião, de viagens para chegar nas empresas, a preparação dos materiais e o tempo das palestras. Seu negócio tem de ser sua prioridade. Se sua prioridade é seu filho, então não empreenda. Se é ser feliz, não empreenda. Se é ter qualidade de vida, não empreenda.

Não empreenda para ficar mais tempo em casa, para não ter horário fixo ou para não ter chefe. Empreenda porque você é capaz de oferecer um produto ou serviço que será percebido como algo de valor por alguém e porque você quer fazer disso seu caminho para fazer dinheiro.

Você sabe como quer fazer?

Quando penso nos serviços que entreguei até hoje – sempre fui uma empreendedora do ramo de serviços, nunca de produtos – minha lembrança e foco está sempre na maneira que fiz cada um deles, no que deveria ter feito diferente e o que gostaria de repetir sempre.

Acredito que todo empreendedor deveria ter bem claro **como** gostaria de entregar seu serviço/produto, não exatamente **o que quer entregar**, mas **como quer entregar**. Sou uma palestrante/consultora. E então? Por que alguém vai me escolher se pode escolher milhares de outros profissionais?

Sempre acreditei que o meu diferencial está na maneira que faço as coisas. Procuro imprimir seriedade, comprometimento, qualidade e um forte aspeto relacional com meus clientes. Na consultoria em especial, opto por trabalhar com uma pequena diversidade de temas e me dedicar a conhecer esses de maneira que possa contribuir com os clientes com profundidade teórica e com a aplicação dessa teoria na prática.

Enfim, é preciso definir sua forma de fazer o que vai fazer e seguir nesse caminho, mesmo que muitas vezes o cliente, a concorrência ou o mercado te digam não. As negativas também fazem parte do jogo e te ajudam a perceber com maior clareza qual é seu nicho de mercado, quem se interessa e percebe valor na sua oferta e quem não faz parte do seu grupo de clientes. **Lembre-se que o pior dos posicionamentos é querer agradar a todos. Você não vai conseguir.**

Nesses mais de 20 anos, foram muitas horas de sala de aula e muitos grupos atendidos e é importante confessar – **muito frio na barriga!** Muitas vezes entrei na sala, olhei aqueles grupos de gestores e pensei "O que estou fazendo aqui?" Ou "O que eu acho que posso ensinar para essas pessoas?".

Não foram poucas as vezes que tive vontade de "fugir", mas aprendi a ir até o final sempre e deixando o medo, a dor e a enxaqueca para depois que o desafio passou. E assim venho fazendo. Empreender é desafiar-se. Sentir frio na barriga. É a capacidade de fazer mesmo assim, pois é o reflexo do seu comprometimento e responsabilidade para que tudo funcione corretamente.

Um conselho: desconfie quando não sentir mais um friozinho na barriga.

Não vai ser fácil...

Talvez você já tenha escutado isso milhares de vezes e é verdade. Empreender é como ter um filho. A imagem da propaganda da mãe de cabelos escovados, com maquiagem e expressão suave olhando seu bebê enquanto amamenta em um quarto organizado e iluminado pelo sol não reflete a realidade. Na maioria das vezes você nem vai ter tempo (ou dinheiro) para fazer a unha e aquela história que você ouviu na TV da empreendedora que começou fazendo bijus e está com um mega faturamento, da jovem que começou na garagem e agora exporta para cinco países diferentes ou da mulher que largou o emprego em uma multinacional e está faturando dez vezes mais que seu salário nem sempre são parâmetros. Na verdade, não o são. São exceções e inspirações e vai ser preciso trabalhar muito para alcançar algo um pouco menor e mais real.

E, então, vale a pena?

Essa resposta você mesma precisa encontrar... Não me arrisco a afirmar "vai em frente, o esforço será recompensado". Infelizmente não existe essa receita, nem essa certeza.

Mas do que temos certeza nessa caminhada?

Coloque no papel os prós e os contras, converse com pessoas que você confia e tem experiência, leia, estude, prepare-se. Quando achar que já sabe o bastante, siga aprendendo. Nunca, em tempo algum, saberemos o bastante. Tenha humildade para buscar orientação e tenha humildade para pedir ajuda quando as coisas não estiverem ocorrendo como você sonhou.

E, enquanto estiver sentindo o frio na barriga, faz o teu melhor hoje e, amanhã, melhor que hoje e assim enquanto estiver valendo a pena.

Muito Obrigada, Cristina!

VIII 6 DIMENSÕES FUNDAMENTAIS PARA ALCANÇAR O TOPO

Mas afinal quais as valências que fazem diferença quando se pretende fazer carreira e ascender ao topo.

Já abordamos algumas, mas vou referir aqui quais as que considero que melhor podem preparar uma mulher líder. É claro que muitas serão até iguais às dos homens! Gosto sempre de reafirmar que não somos melhores nem piores, apenas somos diferentes. Mas este livro pretende ajudar no empoderamento das mulheres. Não nos vamos esquecer que estamos a léguas da igualdade de oportunidades.

Apresento-vos seis dimensões que considero essenciais para uma mulher que ambicione uma posição de liderança ou de topo no mundo empresarial. Estas dimensões são:

1 - Mulher líder – características distintivas

2 - Marca pessoal

3 - A arte de comunicar

4 - Brilhar nas reuniões

5 - Gerir a diversidade

6 - Bem-estar geral - 3 dimensões a observar

Vamos então observar uma de cada vez com o detalhe de que merece.

1 - MULHER LÍDER - CARACTERÍSTICAS DISTINTIVAS

As mulheres de sucesso são as mais bem informadas, em todos os níveis, estudam, analisam, mas também escutam os outros, sabem o que se passa à sua volta, pedem ajuda quando não conseguem sozinhas.

Já foram abordadas ao longo do livro, as dificuldades, a dedicação, o esforço, para se chegar ao topo, mas também lemos testemunhos fantásticos de quem lá chega. Tomemos agora mais um momento de reflexão, em que lhe peço que responda às seguintes questões:

- Tem bem claro se e porque quer subir na carreira ou alcançar um determinado posto ou função?
- Está disposta a abdicar de parte do seu tempo e fazer sacrifícios pessoais para alcançar este objetivo?
- Quer mesmo apostar no seu desenvolvimento e aprendizagem contínua?
- Gosta de falar com as pessoas, estimular e inspirar outros?

Se as suas respostas são positivas, então deve definir a sua estratégia e avançar de imediato.

Só para uma minoria é possível ter praticamente tudo o que deseja, mas não o é para o comum mortal, por isso depois de sabermos o nosso propósito, de nos conhecermos bem melhor há que avançar, sem receios, e definirmos os nossos objetivos.

Como tudo na vida precisa é de organização, direção, FOCO.

Eu sei que existem algumas tendências que nos prejudicam, como a procrastinação ou a dispersão por vários assuntos em simultâneo, ou não saber por onde começar, etc.

Está provado que o planeamento é uma ferramenta fantástica para nos alinhar, para nos manter focados.

Pode não ser fácil, mas com o treino vai ver que depois não consegue deixar este método de trabalho.

Deixo-vos uma das muitas ferramentas que nos ajuda imenso no poder de foco e na gestão de prioridades. Considero-a simples e eficaz, pelo menos para o início, designa-se por matriz de Eisenhower.

Antes de a preencher, vamos definir algumas premissas e faça as suas escolhas porque:

1. Não pode fazer tudo ao mesmo tempo, por isso defina as prioridades.
2. Ser focada é ser realista, pensar com clareza e ter calma. Reza o ditado que "Roma e Pavia não se fizeram num dia", mas não procrastine!
3. Comprometa-se e saiba que tem de ser disciplinada. Coloque na sua agenda os compromissos e só os altere em casos de força maior.
4. Seja persistente, não desista ao primeiro contratempo. Se errar aceite e continue. Treine o que achar necessário.

Pelo foco nós conseguimos controlar, melhor a nossa mente e assim alcançarmos melhores resultados.

Aproveite agora, reflita e deixe aqui as primeiras notas!

Para chegar ao topo, precisa de ter ambição, mas por si só ter ambição não é suficiente.

Uma mulher líder deve observar os seguintes postulados:

- Nunca, mas nunca, se sinta inferiorizada perante alguém que a queira prejudicar. Prepare-se e assim não há que ter receios; Por exemplo, quando fizer uma apresentação estude muito bem, domine o tema. Quando sabemos estamos à vontade.

- Questionar, investigar, ser curiosa; Numa reunião com os seus pares ou com o seu chefe se tiver dúvidas questione. Se o fizer de forma assertiva ganha credibilidade. Quando estamos preparados, atentos ao que se passa à nossa roda ficamos confiantes. No entanto é claro que nunca ninguém sabe tudo. O Segredo de um líder é rodear-se de pessoas competentes.

- Ser assertiva, isto é, diga o que tem a dizer de forma respeitosa. Não dizer por receio de ser considerada antipática, ou incompetente, pode dar mau resultado.

Transparência na comunicação é o sucesso na relação!

- Ser empática, é importante colocar-se no lugar do outro e perceber o que se passa com a outra pessoa. É saber ouvir, compreender os problemas, dificuldades e as emoções da outra pessoa.

- Mostrar determinação, quando alguém a confrontar, o segredo do sucesso é não se deixar intimidar, só tem de defender o seu ponto de vista com factos. Da "discussão" nasce a luz, como se costuma dizer.

- Ser competente na sua área, analise com detalhe as suas matérias; se não souber algo diga que de momento não dispõe da informação, mas que vai obtê-la e que depois informa.

NINGUÉM É SUPER, NÃO TEMOS DE SER ESPETACULARES, A GENUINIDADE É A MELHOR ARMA PARA O SUCESSO!

- Ser focada, aguçar o sentido de organização; Mostre que tem um planeamento sólido, não procure fazer tudo ao mesmo tempo, nem se disperse com projetos que possam não ser importantes no momento que a empresa atravessa. Faça um plano de trabalho, anual, semestral, trimestral, mensal, conforme os seus objetivos e vá fazendo o *follow-up*, para não ter surpresas desagradáveis.

- Saber conquistar equipas pela inspiração que lhes possa causar; pelo desenvolvimento que lhes proporciona e pela solidariedade que lhes presta.

- Fazer acontecer, agir. Apresente resultados, ideias, projetos consistentes, ou seja, uma ideia, com datas de concretização, custos e proveitos.

- Saber delegar; acredite na sua equipa, delegue, quanto mais delegar mais tempo tem para a estratégia e para apoiar a sua equipa.
- Mostrar genuinamente que se interessa pelas pessoas; a pior coisa que podemos fazer que afeta a nossa credibilidade é a falsidade.
- Ser solidária, quando vir que alguém precisa de ajuda e você tiver disponibilidade, não hesite, ofereça-se. Se você mais tarde precisar, terá ajuda.
- Apresentar disponibilidade quando lhe pedem ajuda. Não negue ajuda quando lhe pedem, se não conseguir porque está atrapalhada com prazos, refira o facto. Ser credível na equipa é ter o apoio da organização
- Respeitar todos de igual forma. Desde o responsável mais alto da empresa até à função mais baixa. Desta forma vai receber o respeito de todos.
- Mostrar resiliência, ser capaz de lidar com situações adversas pois elas fazem parte da vida. Cada vez mais o mundo está inseguro e imprevisível por isso temos de perceber que para singrarmos não podemos desistir perante adversidades. Nunca desista nem desanime, lute pela sua ambição. Sabe quantas vezes o Thomas Edison falhou até que inventou a lâmpada elétrica? Muitas vezes!
- Desenvolver uma elevada autoestima; O facto de se valorizar, de confiar em si e transmitir segurança no seu desempenho, nas suas intervenções. A capacidade que tem de saber qual o caminho e de se preparar nesse sentido.

O meu desafio agora é pedir-lhe que com base no que leu acima, faça uma reflexão (se precisar volte a ler com mais calma) e coloque uma bolinha nas características que já possui. Liste nas linhas abaixo as que vai querer melhorar, trace as metas que precisa para as desenvolver. Aqui deixo as linhas mestras para iniciar esta sua reflexão:

Ouvimos muitas vezes dizer que o lugar do líder, do responsável máximo da empresa é solitário. Pois não precisa de o ser, o segredo está em rodear-se de pessoas competentes, comprometidas e confiáveis.

Além de que, pode sempre complementar com a ajuda de um coach ou de um mentor, caso sinta que a vai ajudar.

Aqui fica o testemunho da Ana, que foi atrás do seu sonho e que considera que o sucesso não se alcance sozinho:

ANA CORREIA
Presidente da Câmara do Comércio da Região das Beiras/
CEO e Fundadora da Genuine Collection Portugal /Diretora e
Fundadora da MILKSHAKE KIDS CLUB

É um desafio ser mulher? E ser líder? É! Mas como tudo na vida, o que dá "luta" sabe sempre melhor.

Será que posso inspirar alguém? Talvez e não é presunção é porque sinto que sou vibrante e expansiva, porém centrada; aberta a toda a sorte de novos assuntos, mas sem nunca me desalinhar dos meus valores. Tenho de estar sempre presente. Com os dois pés, em cada momento porque acredito que o caminho... faz-se caminhando.

Hoje, eu digo que o sucesso não se alcança sozinho, ele é fruto de união, de sinergias e a prova é um pouco do que passo a relatar.

Depois de uma vida dedicada à gestão fui atrás de um sonho. Quase à beira dos 50 anos criei uma marca, uma marca genuinamente portuguesa, a Genuine Collection Portugal.

Inovar, criar e apresentar um produto em que dignifico o património de um país porque é o que de melhor este tem para oferecer foi o motivo de me voltar a apaixonar pela vida.

Iniciei essa exaltação em, e por Portugal, porque sabia e

acreditava que o património deve ir mais além do que o simples retrato da nossa atualidade, afinal, a história e o tempo passado de costumes, identifica cada povo e sociedade.

Acredito mesmo que o património português é o retrato mais fiel da vivência desse país, porque consegui mostrar, através dos nossos produtos, que na arquitetura, gastronomia, música, teatro, cinema e em todas as outras expressões culturais se encontra a força dos hábitos e costumes.

E depois chegou a pandemia e quando tudo parecia novamente desabar, vislumbrei a oportunidade, vi a importância de que Juntos Somos, literalmente, Mais – e, consequentemente, chegamos mais próximos do que se pode considerar sucesso, daí que Juntos Somos Mesmo Mais Fortes a Construir o Futuro e assim como que de um grito, nasceu a Câmara de Comércio da Região das Beiras, a beira dos 6.0 de intensidade.

Pretendi promover a captação de investimento direto estrangeiro, proporcionando apoio às empresas associadas no seu crescimento e afirmando-se como um parceiro privilegiado para a internacionalização da economia nacional. A minha que passou a nossa missão, está intimamente ligada à necessidade de promover, fora das nossas fronteiras, o que de melhor se produz e o melhor que a nossa terra tem para oferecer.

Promover networking, criar pontes, fazer laços e obviamente conduzir negócios, nunca descurando a parte social é a maneira de contribuir para uma sociedade mais equilibrada sem tantas assimetrias.

Acredito que tenho uma qualidade que todas as mulheres de sucesso têm em comum. É uma característica que diz respeito ao meu perfil, também chamada de persistência. Se a pessoa tem um único objetivo, que é o fim, ela não evolui ao longo do processo. Quem tem isso claro em mente não desiste, independente dos obstáculos e dificuldades que podem surgir ao longo do percurso.

Apresento-lhe, Ana Correia, mãe, cuidadora, empreendedora, sonhadora, mas, sobretudo Mulher. Licenciada em Gestão, deliciei-me com as minhas aulas de piano até ter partido uma mão e desde 1991 que ando pelo mundo empresarial. Todo o percurso profissional sempre foi muito direcionado para o cálculo, para a gestão, para a docência e formação e atualmente está focado também no social, na inovação e na criação de corredores geradores de negócios.

Passei por organizações que me deram verticalidade, foco e sobretudo visão. SGC_Holding, SIVA e Carlar; Liscont e Sadomar. Consultora da Cimpor, MT Consultores e outras. Durante 12 anos tive o privilégio de pertencer ao Departamento do Crime Económico da Polícia Judiciária. Dediquei-me depois a associações e estive na AICEP- Associação dos Correios e Telecomunicações dos Palop. Fui CEO da Its Real e atualmente, presidente da Câmara do Comércio da Região das Beiras.

Criei marca, Genuine Colletion Portugal e Câmara do Comércio da Região das Beiras e espero deixar marca, e contribui para um livro que recebeu um prêmio da Academia Portuguesa de História.

E termino com um pensamento que comigo costuma dormir...Nunca mude por ninguém!

Seja você, para você! Sempre!

Ser, ser sempre, sem nunca deixar de ser. Ser Mulher, Ser Feliz e fazer o outro feliz.

Muito Obrigada, Ana!

"Sabemos que quando as mulheres são empoderadas, as famílias prosperam, as comunidades são mais seguras e as economias crescem"

MMAMOKWENA GAORETELELWE –
(embaixadora da Africa do Sul em Lisboa)

Para a ajudar no seu empoderamento vou deixar um desafio, simples. Na tabela seguinte vai encontrar diversas características e por cada uma delas tem 3 possibilidades:

P – Está presente em si;

N – Não está presente em si;

PM – Sabe desde logo que está presente, mas pretende melhorar.

Nas que colocar N ou PM, vai mencionar como considera que vai conseguir melhorar, ex: ler, treinar, tirar um curso, pedir ajuda a alguém. Coloque também onde acha que vai conseguir obter os conhecimentos que deseja para desenvolver essas características. Por último e muito importante comprometa-se com uma data e refira mesmo o porquê dessa data.

Aqui fica o quadro, que pode replicar para melhor observar e se comprometer com o seu desenvolvimento, mas leve a sério o seu compromisso:

P/N/ PM	Características	O que posso fazer para melhorar	Quando	Porquê nesta data
	Ambição			
	Assertividade			
	Autoestima			
	Competência na área			
	Conquistar equipas			
	Curiosidade			
	Delegação			
	Determinação			
	Fazer acontecer			
	Foco			
	Mostrar-se confiante			
	Mostrar Disponibilidade			
	Resiliência			
	Solidariedade			
	"Vender"as ideias aos outros			
P - Presente / N - Não Presente / PM - Preciso Melhorar				

Como já referi atrás, não precisamos de saber tudo ou sermos brilhantes em todas as áreas. Mas, se conseguirmos pelos menos apostar em algumas que nos permitam maior robustez para alcançarmos o nosso propósito com sucesso, já é um excelente princípio. Destaco como prioridade a autoestima, o foco, a resiliência e o fazer acontecer.

Procure clareza, pondere com tranquilidade porque a nossa mente precisa de informação, de direção e somos nós que temos de lhe providenciar que caminho queremos tomar.

Lembro que a nossa mente precisa de ser desafiada porque o nosso cérebro é preguiçoso, se não o exercitarmos ele não evolui. Por isso, estou a desafiá-la com tantas características porque é importante que se questione e que veja como se pode desenvolver e onde vai apostar em primeiro lugar.

O testemunho seguinte é de alguém que se desafiou constantemente ao longo da sua vida, a Dani como gosta de ser chamada, conta-nos a sua história. Uma visão também do Brasil.

DANIELLE MACIEL
Estrategista de Pessoas e Negócios
Jornada da Confiança – Empreendedorismo, Superação e Liderança Feminina

Ao receber o convite para fazer parte do livro de Maria João, senti-me lisonjeada e feliz, porque tenho um enorme apreço ao protagonismo feminino. Sou de uma família de mulheres que sempre me inspiraram pelo propósito e compromisso social. Meu alicerce é baseado no poder da educação de transformar vidas, mudar trajetórias e lutar contra o determinismo socioeconômico, no qual as crianças e jovens estavam predestinados a viver. A minha história se dá a partir de uma realidade social brasileira, classe média, filha de professores, única mulher de quatro irmãos (um de consideração e um meio-irmão). Meu nome é Danielle, tenho 48 anos, sou mãe de Bia, que tem 16 anos, fruto de uma história que tenho muito orgulho de contar, pois ela é a primeira criança gerada no Brasil entre uma brasileira e um butanês. Como sou uma mulher que ama a inovação, acho que fui literal. O pai da Bia é um lama budista do Butão, o país da felicidade, aquele país que em vez de medir o PIB (Produto Interno Bruto), mede a FIB (felicidade interna bruta).

Eu já dei muitas palestras sobre liderança, liderança feminina, comportamento humano, clima organizacional e coaching para públicos diversos, de 50 a 1.000 pessoas, em muitos lugares no Brasil. Um dia, pediram-me algo novo: falar de minha carreira sob o ponto de vista inspirador. E assim nasceu a palestra Trocas que Inspiram.

A partir daí, compartilhei os desafios, fracassos e vitórias de ser empreendedora. Altos e baixos, fundos de poços, recomeços e performances. Nesse momento, eu estava como Diretora Sócia do Great Place to Work, PE/AL. Eu tinha chegado ao "topo" da minha carreira empreendedora, faturando meu primeiro milhão, e só tinha me dado conta naquele momento.

Meus erros, acertos, escolhas, descobertas e inquietações. Acredito no poder de beneficiar as pessoas com a escrita. As histórias não só podem inspirar as mulheres, como também despertá-las para a maximização do seu potencial. As narrativas trazem força para vivermos na integridade a sororidade.

Se a minha mente está inquieta, muitas ideias, poucos caminhos, eu preciso escrevê-las. É como se fosse a espacialização das palavras. Assim como o mapa que é a representação de um território, a escrita é para mim o mapeamento de quem sou ou estou me tornando. E assim vou me aproximando cada vez mais da minha essência, parte importante para o mergulho no autoconhecimento.

Com essa clareza de quem somos, onde estamos e para qual direção temos de seguir, conseguimos dar sustentação para realizar com mais agilidade o que queremos. Lembro-me de que todas as vezes, digo de passagem que foram muitas, que o fato de eu ser mulher me levou a situações difíceis, a clareza de intenção era a única coisa que eu não podia perder. E expandir a minha consciência para seguir no caminho de autoconhecimento e autodesenvolvimento possibilitou-me uma vida mais significativa como líder e empreendedora.

Das Rupturas, Surgiu uma Nova Carreira

Sou Geógrafa de formação, com mestrado em geologia sedimentar, e prestava serviço na Companhia Hidroelétrica do São Francisco - CHESF, meu 1.º trabalho. Entrei em 1999, e aqui aprendi tudo sobre vida corporativa, pois tive um líder visionário e exigente. Sentia-me motivada e realizada. Foi meu 1.º movimento de liderança, e eu só tinha 25 anos num ambiente onde a média de idade era 50 anos. O mundo lógico e racional me exigiam uma dureza, até para me impor, tanto por ser mulher como por ser jovem. Tinha uma rotina muito ligada a análises de mapas, muitas viagens de carro e helicóptero para analisar as torres. Minha vida era complexa, arrastava um casamento infeliz, e acendeu um alerta de quanto eu estava distante de mim e da simplicidade que eu vi e de que gostei muito. Comecei a ter inquietações, conflitos internos, e de uma hora para outra nada mais se encaixava. Eu estava tendo um choque de valores. O mais difícil foi tomar a decisão, aos 28 anos, de uma carreira promissora e em ascensão para um salto no total escuro. Eu sabia que precisava ter uma utilidade, o meu trabalho precisava fazer diferença na vida das pessoas. Essa minha percepção e a busca pelas minhas verdades me levaram a um tempo sabático. Morei por quase dois anos num templo budista, era responsável por uma loja e fazia parte dos pilares dessa Fundação Aprendi a fazer negócios, a empreender, a atender o público, e tudo isso de forma voluntária. Comecei a participar de cursos de empreendedorismo, de gestão empresarial, a desenvolver produtos, a estudar públicos, a agregar valor, e desenvolvi o e-commerce.

Aprendizados do Meu Tempo Sabático

Sentido de Urgência, não deixe para depois o que deve ser dito. Vá transformando sonhos em realidade, passo a passo, e cuide de sua integridade com coerência e consistência.

Cuide de sua felicidade genuína. Não há nada mais inspirador que emanar felicidade pura, cultivar virtudes, gentilezas e cooperação.

Tenha mais humanidade, seja instrumento de generosidade, aprenda a compartilhar.

Cuide da sua saúde mental, comece por você, cuide da sua mente e proteja a sua mente com pensamentos construtivos.

Quem disse que não podemos conquistar novos mercados depois dos 40 anos?

A partir de 2009, decidi me dedicar cada vez mais ao empreendedorismo do Desenvolvimento do Potencial Humano. Estudei e fiz formações. Abri minha empresa de treinamento e desenvolvimento de pessoas. Em 2012, tornei-me diretora comercial de uma empresa de treinamento e desenvolvimento do sul do Brasil. Fui eleita, em 2013, presidente de uma entidade sem fins lucrativos como trabalho voluntário, onde passei cinco anos (ABRH AL). Em agosto de 2016, fui chamada para ser diretora e sócia do Great Place to Work de Pernambuco e Alagoas.

Em 2018, nos estudos publicados do ranking das melhores empresas para trabalhar em Pernambuco, constatamos que apenas duas mulheres eram CEOs de um universo de 30 empresas, e que apenas 37% dos colaboradores eram mulheres, e só 15% das mulheres estavam na alta liderança.

Com esses números, passamos a sensibilizar os CEOs, Diretores e RHs da importância de provocarmos a entrada de mais mulheres nas organizações. Ações simples, como conversas, sensibilizações e eventos, puderam impactar e mudar pensamentos e realidades, e em 2019, o estudo do GPTW mostrou que passamos a ter 47% de mulheres como colaboradoras.

Acho que todos que cuidamos de muitas pessoas, em algum nível nos esquecemos de nós mesmos. Mas fui passando por alguns sustos que me fizeram acordar, tudo foi acontecendo de maneira sequenciada.

Nada foi fácil, mas tudo valeu a pena. E com essa minha vivência, o contacto com centenas de empresas e milhares de pessoas deram-me reconexão. Isso tem tudo a ver com a jornada da confiança.

Mas afinal, o que é confiança? Para Ricardo Voltolini, que é um dos pioneiros em ESG do Brasil, ele fala que "A confiança nada mais é do que a crença que temos de que, na hora H, o que e quem não podem faltar, não faltarão..."

E foi essa confiança que nutro em mim!

E para encerrar, eu deixo aqui alguns passos para essa jornada da confiança:

Seja consistente – íntegra, com vulnerabilidades, com conteúdo, conhecimento e ética, estude muito, leia e escreva;

Crie oportunidades – nunca esperei nada cair do céu. Se queria fazer um curso, ajudava a vender para que eu pudesse fazer. Assim, fui convidada a ser diretora comercial, participei como convidada de cursos, nos quais eu tive a honra de conhecer Timothy Gallwey, o percussor do Coaching no mundo; e Alimente sua felicidade – todos os dias escolha algo, por mais simples que seja, mas que te faça feliz. Parece óbvio, mas na correria do dia a dia, facilmente vamos deixando para depois.

"Levanto sobre o sacrifício de um milhão de mulheres que vieram antes e penso no que é que eu faço para tornar essa montanha mais alta para que as mulheres que vierem depois de mim possam ver além." Rupi Kaur

É nele que me inspiro todos os dias para a construção de uma sociedade melhor, transformando cada empresa em lugar mais justo, mais humano e sustentável para as próximas mulheres.

Muito Obrigada, Dani!

A mulher para progredir precisa de vincar os seus pontos fortes, ostentá-los, sentir-se até orgulhosa do que é capaz, por isso é tão importante desenvolver as características que vos menciono. Para singrar não tem de fingir o que não é, seja você própria com as suas valências, não ponha máscaras.

Nós mulheres temos de assumir o nosso papel de forma natural, ser líder é só mais um dos papeis que temos neste mundo.

Esta versatilidade que desenvolvemos torna-nos mais fortes.

O importante é desempenhar a nossa função com dignidade, com veemência, com as nossas próprias ideias, não ter receio de contribuir com o que se sabe, respeitando e exigindo respeito!

Estabelecer limites é essencial!

Assim se vai construindo uma reputação pessoal, conquistada com a nossa competência, tranquilidade, disponibilidade para nos desenvolvermos e mostrarmos isso ao "Mundo".

É o que faz a Tânia uma "voz" de Moçambique pelo Mundo, vamos ler o seu testemunho.

TÂNIA TOMÉ
Executive Director na Ecokaya Group
Presidente da Womenice.Org/ Presidente do Comitê de Liderança e Empreendedorismo do prestigiado Women in Business Award nos Estados Unidos,

O empoderamento feminino em Moçambique é uma causa que me é profundamente cara. Sendo moçambicana, cresci vendo o potencial inexplorado das mulheres à minha volta. Mais de 54% da nossa sociedade são mulheres e, em grande maioria, sem acesso à educação, o pilar para o desenvolvimento. Não obstante as tradições e desafios, a vontade de progredir e fazer a diferença tem sido sempre palpável entre nós.

O progresso tem sido observado nos últimos anos, mas ainda há um longo caminho a percorrer. O interesse e o envolvimento do governo, das empresas e da sociedade civil são cruciais para avançar nesta causa. Tenho visto, em minha própria jornada, a importância do reconhecimento e apoio de instituições.

Como Presidente da Womenice.Org e agora nomeada Presidente do Comitê de Liderança e Empreendedorismo do prestigiado Women in Business Award nos Estados Unidos, sendo a primeira lusófona e africana, sinto uma responsabilidade ainda maior de ser a voz das mulheres, não apenas de Moçambique, mas de toda a África, lusofonia e no mundo.

As mulheres moçambicanas são resilientes, ambiciosas e, sem dúvida, querem chegar ao topo. Elas desejam mais do que apenas oportunidades; buscam reconhecimento, respeito e igualdade. É aqui que o meu trabalho e o de tantos outros comprometidos com o empoderamento feminino, inclusão de gênero e diversidade se tornam essenciais.

Minha jornada não foi isenta de desafios. Mas cada obstáculo, cada "não", só serviu para solidificar a minha determinação. E é esse espírito de nunca desistir que desejo infundir em cada mulher, em cada jovem líder emergente. Uma das minhas "quotes" preferidas, criada ao longo da minha jornada, é: **"para os piores desafios, os melhores voos"**. Minha experiência de mais de duas décadas, como empreendedora, desde a academia até o setor bancário, ativismo e voluntariado, sempre habituada a servir, ensinou-me a importância de se manter autêntica, resiliente e sempre pronta para aprender e inovar. Por isso, criei o Succenergy (modelo integrado de Coaching para Liderança e Motivacional) com a missão de empoderar pessoas, profissionais, empreendedores e líderes. Tenho dado formações e palestras em vários países, com o desejo e responsabilidade de criar um ecossistema que seja sustentáculo para nossas sociedades. O que penso é que ainda é pouco para o tanto que precisamos. Mas, como coletivo, de braços dados e com pensamento a longo prazo, tenho certeza de que juntos avançaremos e venceremos.

Para as mulheres que buscam inspiração e orientação, digo isto: Seu valor é imensurável. Em cada desafio, procure a lição. Em cada "não", veja uma oportunidade para se reinventar. **Não se vitimize,** mesmo quando for a vítima de um sistema injusto; **levante-se e procure soluções** para que nenhuma outra mulher passe pelo que você passou. E, acima de tudo, lembre-se de que sua jornada não é apenas sua, mas também daquelas que virão depois de você. Deixe um legado de força, determinação e empoderamento. Womenice (plataforma para ajudar mulheres) líderes que transformam.

Muito Obrigada, Tânia!

2 - MARCA PESSOAL

Uma líder tem de dar o exemplo e quer queiramos quer não, é o centro das atenções.

Entenda-se como líder alguém que gere uma equipa e que deve procurar inspirá-la, sendo que a imagem não pode ser descurada.

Claro que quando se está no topo, fazendo parte da administração ou membro de uma comissão executiva a exposição e as expetativas aumentam.

Todos colocam os olhos na sua líder, como se comporta, os seus gestos, expressões, como se veste, como arranja o cabelo, como se pinta, se cumprimenta as pessoas e como, com quem se relaciona, se está bem ou maldisposta, a posição que toma relativamente a algum assunto.

É claro que tudo tem de ser visto à luz da cultura da empresa se é menos ou mais formal, geralmente as empresas têm um *dress code* associado.

O caminhar, o sentar, a imagem visual, são também importantes.

A bem da verdade tudo é escrutinado, damos uma certa imagem, que se traduz na nossa marca pessoal, aquela que nos caracteriza e pela qual somos conhecidos. E, quando se muda de estilo todos o notam!

A boa notícia para quem precisa de ajuda neste campo é que todos estes detalhes se trabalham e a este trabalho por norma designamos de "*personal branding*", nada mais do que construir uma marca pessoal.

Não podemos ignorar que vivemos em sociedade e que as pessoas que connosco convivem pessoal ou profissionalmente criam uma opinião ou "etiqueta" sobre nós. Se nós pensarmos bem temos tendência a fazer o mesmo com os outros.

O "*personal branding*" ajuda-nos a criar o estilo que se considera adequado para a função que escolhemos, mas é fundamental que essa "marca" nos sirva, ou seja, temos de nos sentir confortáveis e nunca perder a nossa identidade.

Como nota, não podemos confundir "*personal branding*" com marketing pessoal, onde aqui a pessoa tem como principal objetivo vangloriar ou "vender" as suas competências ou serviços, sem desprestígio, o propósito neste caso é que é outro, geralmente mais comercial.

O *"personal branding"* é uma estratégia que procura definir na pessoa uma certa presença, inspirando nos outros confiança e autoridade, que nada tem a ver com autoritarismo, entenda-se. Tem mais a ver com a forma como os outros nos veem.

O importante é sabermos destacar os nossos pontos fortes, as nossas competências, mas enfatizo, de forma genuína, íntegra, mantendo a nossa identidade.

Quando pretendemos alterar a nossa imagem porque não nos sentimos bem na nossa pele, ou porque queremos criar uma opinião diferente nos outros, é muito importante sermos ponderados. É pertinente pedir opinião a alguém da nossa confiança, que nos possa ajudar nesta tarefa, sozinhas às vezes não funciona bem.

A consistência é um elemento-chave para a credibilidade, por isso se acharmos que precisamos de alterar a nossa imagem, devemos refletir e escrever:

- Quais os meus pontos fortes?
- Quais os pontos / áreas que eu gostaria de alterar?
- Como quero ser recordada (muito vezes ouvimos a questão "que marca quer deixar?")
- Que ambições tenho?
- De que valores nunca vou abdicar?

Gostava de realçar que a imagem não faz da mulher uma líder, uma imagem cuidada contribui para elevar a nossa autoestima, pode dar-nos projeção, mas é apenas uma parte.

Não se constrói uma boa imagem por vestirmos marcas ou por termos o cabelo e as unhas arranjadas. Nos dias de hoje até já se compram roupas muitas bonitas a preços muito acessíveis. Como disse atrás, a forma como cumprimentamos ou a forma como expressamos a nossa imagem corporal também contam. Uma imagem confiante, cabeça erguida, ombros para trás, olhar em frente, são traços da nossa postura que não podemos relegar.

Já vimos que cuidar da imagem no seu todo é importante, pelo que não diga que não tem tempo para pensar em si. Nunca deixe de o fazer, este é um princípio básico para sermos felizes.

Este tema tem de estar sempre na sua agenda, crie clareza no que realmente importa para si e determina os seus objetivos.

Se não tiver coragem nunca vai conseguir.

Posso dizer-vos que eu deveria ter tido mais tempo para mim e para a minha família, se tivesse sido mais focada em mim e se tivesse dito alguns nãos.

Aprenda a dizer NÃO quando vê que não consegue. Como costumo dizer só custa a 1ª vez!

Só nos últimos anos de carreira nas empresas eu consegui alterar este paradigma, passando a olhar para mim e a preocupar-me com a minha saúde física e mental.

Comprometa-se em arranjar tempo para si. Defina uma agenda, diária, semanal, como entender e seja disciplinada. Dica: comece por definir no mínimo **1 hora por semana** só para se mimar. Após esta conquista é só criar ritmo, vai conseguir agilizar os seus compromissos e ganhar mais algum tempo para cuidar de si. Pense que você merece!

O compromisso consigo é determinante para alcançar resultados.

Não procrastine! Procrastinar é o inimigo do desenvolvimento, do sucesso! Hoje as tecnologias e a Inteligência Artificial já nos facilitam a vida, aproveite.

"Toda a escolha estética e material envia uma mensagem ao mundo sobre o que você é, e o mundo responde"

Danielle LaPorte (autora canadiana de best-sellers, oradora motivacional, empreendedora e "blogger")

3 - A ARTE DE COMUNICAR

Passamos a nossa vida a comunicar, no emprego, na relação com a família e com os amigos, vivemos em sociedade. E sabemos que as pessoas são diferentes.

Uma líder deve ser uma comunicadora nata. Comunicar com eficácia significa motivar adequadamente o outro e inspirar confiança com quem interage.

Quanto melhor compreendermos as situações, mais facilmente os atritos se dissipam.

O Professor António Damásio considera que os líderes têm de ouvir as suas pessoas. Segundo ele nós comunicamos também com os olhos, com as expressões faciais.

Com o mundo que nos rodeia hoje, precisamos de olhar e perceber as expressões, as emoções de quem trabalha connosco.

Existem técnicas para comunicarmos corretamente com a nossa equipa, como por exemplo dar ênfase ao *feedback* e ao *feedforward*. É mais comum ouvirmos falar em *feedback*, mas hoje defendem as novas teorias de gestão que existe outra abordagem, o *feedforward*, focado essencialmente no futuro, enquanto o *feedback* baseia-se essencialmente em factos passados, analisando o que correu bem ou menos bem. O *feedfoward* projeta o futuro, promove o desenvolvimento individual e perfila perspetivas na evolução de carreira.

Estas poderosas ferramentas, permitem criar um clima de confiança e de motivação quer pelo acompanhamento regular quer pelo alinhamento para projetos futuros.

Todo este processo de comunicação e de clareza potencia um ambiente de confiança e de envolvimento evitando-se também saídas quer precoces quer por ausência de acompanhamento em que os colaboradores se podem sentir desacompanhados.

A capacidade de empatia é também ela fantástica para desenvolvermos uma comunicação de sucesso. E para termos êxito na empatia precisamos de colocar de parte os nossos julgamentos e algumas crenças que podem ser só nossas

Eu sei que não é fácil, requer treino, mas acima de tudo creia que sendo empática pode conquistar as pessoas que consigo convivem e isso é simplesmente compensado.

Se por um lado precisamos de saber utilizar a empatia, pelo outro também precisamos de ser assertivos.

Ser assertivo é deixar bem claro o que queremos dizer, o que vai acontecer para que não existam dúvidas, evitando-se falta de entendimento. Se necessário devemos utilizar a reformulação.

Não há nada como ser transparente, muitos líderes só dão as boas notícias e não têm coragem de dar nem as más notícias nem de prepararem um *feedback* menos positivo.

O segredo aqui é muito simples, **ser fatual e respeitoso.**

Podemos comunicar com tom agressivo ou não agressivo. Garanto que o resultado será diferente e se a opção for o não agressivo ambas as partes sairão a ganhar. Agressão gera agressão!

Uma vez precisei de dizer a uma colaboradora que se não melhorasse a sua performance não lhe poderia renovar o contrato, mas preparei-me, a conversa fluiu de forma educada, apresentando os motivos do descontentamento e sempre com enorme respeito por quem estava na minha frente. Como resultado a colaboradora agradeceu, esforçou-se e acabou por conquistar a sua posição, ainda hoje sei que a Helena M. tem consideração por mim.

As técnicas da comunicação aprendem-se, é uma questão de perceção e de treino.

O que muitas vezes nos retrai e nos limita são as nossas crenças, mais uma vez, podemos desenvolver novas crenças, mais positivas, mais flexíveis, sem receios. O nosso cérebro tem elasticidade, temos é que o treinar porque ele gosta de se sentir numa zona de conforto!

Costumo referir que é como ir ao ginásio, se vamos com regularidade criamos músculo, ficamos fortes, mais resistentes, mais robustos, pois com o restante é igual, é mesmo obrigatório **PREPARAÇÃO, PREPARAÇÃO, PREPARAÇÃO!**

Desafie-se todos os dias, crie rotinas, por exemplo, defina que todos os dias vai dedicar 30 minutos à leitura, escolha a melhor hora. Nas viagens casa/emprego/casa, pode ouvir o que achar que a pode ajudar, pode ser música relaxante, pode ser sobre temas profissionais que quer desenvolver. Pode também estimular a sua autoestima, declarando todos os dias quando se levantar "Eu sou ótima, sou inteligente vou conquistar o que quero". Fale com o espelho e comprometa-se consigo "hoje vou fazer um brilharete na apresentação porque sou competente". Estabeleça os seus mantras. Aproveite o tempo que tem logo pela manhã para o seu desenvolvimento. São meros exemplos, veja o que melhor lhe serve. Acredite que resulta!

Já sabe que precisa de educar o seu cérebro a pensar diferente, a encontrar novas crenças e a potenciar diferentes formas de agir.

NÓS PRECISAMOS DE COMANDAR O NOSSO CÉREBRO, SENÃO ELE COMANDA-NOS!

As questões ajudam-nos a obter respostas, vão-nos traçando o caminho, já tinha abordado este tema.

Da mesma forma que as questões para nós são importantes também o são para quem está connosco na equipa. Faça perguntas para levar a equipa a pensar e a contribuir com soluções.

A utilização de uma comunicação assertiva, promove bom espírito de equipa e potencia excelentes resultados.

Deixo aqui algumas formas de agir que facilitam o processo de comunicação:

- Exprimir os sentimentos sem atropelar os outros;
- Falar de forma que não humilhe ninguém;
- Ser direto, mostrar respeito pela opinião do outro;
- Não se atrapalhar quando exprime ideias;
- Ser objetiva, sem rodeios
- Escolher o momento adequado;

- Reformular para que não fiquem dúvidas;
- Deixar o outro expressar as suas ideias;
- Deixar que a sua linguagem corporal faça parte do diálogo;
- Fazer com que o outro perceba a decisão;
- Se tiver de chamar a atenção a alguém faça-o em privado;

Muitas vezes, as mulheres sentem alguma vergonha em apresentar uma ideia por receio de serem criticadas, os homens por norma não o fazem, são mais afoitos e isso dá-lhes créditos.

Eles têm tendência para anunciar oficialmente as ideias, arriscam mesmo antes de terem pensado bem nelas.

"A preocupação com a crítica esmaga a criatividade."
Duane Alan Hahn

As grandes ideias nascem após alguns erros, não sinta receio, apresente as suas ideias, o poder das boas ideias é transformador quer para si quer para a imagem que deixa.

Se não o fizer pode:

- Perder a oportunidade de ganhar reputação e de mostrar a sua determinação e autoconfiança.
- Revelar incapacidade de inovação ou de crítica.
- Criar nos outros o sentimento de que tem medo de se expor e de receber sobretudo críticas.
- Alguém "roubar" a sua ideia ou antecipar-se.

Quando nos surge uma ideia que achamos fantástica, temos de pensar muito bem em que fórum a vamos apresentar, não é profícuo anunciá-la aos 4 ventos.

O segredo é a alma do negócio. As ideias devem ser lançadas nos fóruns próprios.

Algumas mulheres, sofrem do chamado "síndroma do impostor", porque não acreditam no seu valor, sentem que não estão à altura de uma posição de maior responsabilidade e estes pensamentos impendem-nas de chegar mais longe.

Trata-se de um sentimento de inferioridade em que a pessoa chega a pensar que não merece um elogio, ou até que, teve sucesso por mera sorte.

Este síndroma pode afetar a carreira, evitando uma progressão natural.

Se considera que sofre deste síndroma de forma persistente e duradoura, aconselho-a que se informe primeiro com maior detalhe acerca do tema e que procure ajuda para o combater se considerar que está a ser um entrave.

Celebre as vitórias, faça uma lista dos seus feitos, das suas concretizações e vai ver que vai ter algumas boas surpresas.

Sorria, celebre, viva a vida com alegria!

Aqui fica mais um testemunho de uma mulher que é feliz no seu trabalho, alegre e sempre bem-disposta:

TERESA PERES
CEO & Founder HR4U, Lda.

O empreendedorismo é uma jornada desafiadora para qualquer pessoa que decida seguir esse caminho, mas também é muito gratificante, principalmente quando começamos a ver e a sentir que podemos ser "donas" do nosso destino, do nosso tempo, e podemos fazer o que gostamos, criar algo novo e deixar a nossa marca.

É preciso coragem para dar o primeiro passo, determinação para seguir em frente com as nossas ideias, e resiliência para resistir nos momentos de adversidade e quando surgem as mais diversas barreiras à nossa frente e que temos de derrubar. Nesses momentos mais difíceis, em que estamos quase a vacilar, a família e os amigos mais chegados são sempre os nossos principais pilares. E o meu caso não foi exceção.

Sempre trabalhei em empresas multinacionais, e passei por **duas transições** importantes que mudaram o rumo da minha carreira. A primeira transição ocorreu em 2005, quando a empresa em que trabalhava há 16 anos foi adquirida por uma concorrente. Foi a empresa em que cresci como profissional, onde descobri que, afinal, até gostava da área de Recursos Humanos, e onde aprendi imenso e adorava trabalhar. Nesta altura, com 45 anos, criei a minha primeira empresa. Fui desafiada para um projeto interessante no setor da saúde para organizar e gerir um Congresso Internacional de Ortopedia com participantes de todo o mundo e criando parcerias com as maiores empresas especializadas nesta área. Nunca tinha feito algo assim, mas pensei – "porque não?". Foi uma decisão corajosa, foi difícil, muito stressante pelos prazos, tive de aplicar competências que nem sabia que tinha (influência, negociação, ...), mas foi um sucesso!

Após **3 anos**, fui desafiada por um amigo de outra multinacional líder no setor, para criar a área de RH em Portugal e depois no Brasil. Exigia exclusividade absoluta, pelo que fechei a minha empresa. Foi criar do zero (algo que adoro!), e para além de Portugal e Brasil fui também responsável pela criação e operação de uma subsidiária em Cabo Verde. Mais uma vez, era algo que nunca tinha feito e voltei a perguntar-me "porque não?".

Esta experiência foi fantástica, aprendi imenso, trabalhei com pessoas fabulosas, mas com a crise de 2009-2012, a empresa decidiu concentrar as suas operações em Espanha, e eu sempre deixei claro que podia viajar muito, mas não era expatriável e chegámos a um acordo de saída. Foi nesse momento que, aos 50 anos, tomei a minha segunda grande decisão: não voltar ao mercado de trabalho e criar o meu próprio negócio (outra vez!).

E assim nasceu a HR4U em 2012. Dediquei cerca de 8 meses para planear a minha empresa, definir o plano de negócios, missão, visão, valores e objetivos, o plano de marketing, um site, imagem, etc. Mas o grande trabalho foi criar uma rede de contatos que resultou em laços fortes com pessoas e potenciais clientes, e em parcerias importantes. Foi necessária muita resiliência, dedicação, beber muitos cafés com amigos e conhecidos para falar do que queria fazer. As dificuldades também existiram claro, foram cerca de 8 meses a receber muito pouco, mas felizmente, com o apoio de um marido super motivador e muito colaborativo, e de toda a família, tudo valeu a pena. Passado algum tempo começaram a surgir os projetos e os contactos começaram a dar resultado.

A minha estratégia e abordagem foi sempre, e continua a ser, perceber o que posso fazer pelos outros, como posso ajudar a melhorar e a desenvolver pessoas ou a organização. Estar disponível para ajudar em algo, colaborar e trocar ideias, dar antes de receber, rodear-me de pessoas positivas e otimistas e tem resultado bastante bem. Trabalho mais do que se estivesse numa empresa, por vezes os dias começam às 6h da manhã e terminam à noite, mas vale a pena. Nestes 7 anos de existência tenho feito projetos que nunca pensei fazer, a nível nacional e internacional, tenho clientes fantásticos que já me consideram parte integrante da equipa deles, desenvolvi uma rede de contactos que é muito importante para mim, tenho parceiros excepcionais que me complementam em áreas que não domino (ou não quero dominar). E, felizmente, tem corrido muito bem.

Agora, começo a procurar mais equilíbrio, ter mais tempo para mim e para a minha família, continuar o meu voluntariado, mas não penso sequer em deixar de trabalhar. Acho que irei continuar ainda por muito anos a perguntar-me "porque não?", a colaborar com muita gente gira, a surpreender-me por conseguir fazer coisas diferentes e desafiantes, e a dizer sempre "como te posso ajudar?".

Muito Obrigada, Teresa!

4 - BRILHAR NAS REUNIÕES

O impacto que transmitimos nas reuniões é determinante na formação da nossa imagem, da nossa credibilidade e da nossa competência e são diversos os pontos em que devemos ter especial atenção.

Comecemos pelo primeiro aspeto que considero importantíssimo:

- A **Preparação**, que representa nada mais nada menos do que 99% para o sucesso e permite:
  - » Expressar a energia e a paixão que precisa para cativar a nossa audiência;
  - » Ser direta no assunto;
  - » Desenvolver um discurso claro e objetivo, quer seja projetando uma apresentação quer seja apenas conversando;
  - » Aceitar críticas cordialmente;

» Estar à vontade para dizer que não sabe quando alguém lhe coloca uma questão que não domina. Não se deve inventar, dizer apenas que se vai informar.

Para se fazer uma excelente apresentação existem técnicas que fazem a diferença entre uma apresentação razoável e uma apresentação excelente.

Por outro lado, há características diferentes que se devem observar, como por exemplo se a reunião é on-line ou presencial, mas tudo se aprende.

Deixo aqui algumas bases que deve observar e treinar quando precisar de falar em público:

Como fundamental:

- Dominar o assunto, se estiver à vontade no tema vai sentir-se muito mais tranquila;
- Estruturar o discurso de forma a cativar a audiência;
- Adquirir credibilidade, utilizar expressões de convicção do tipo: acredito; estou convicto; aceito outras sugestões, etc.

A Linguagem Corporal é muito importante pelo que deve observar:

- Uma postura descontraída, com os ombros para trás e queixo levantado;
- O movimento das mãos deve acompanhar assuntos importantes. Não cruzar os braços nem colocar as mãos nos bolsos. Não ter canetas nas mãos, nem mexer nos anéis!
- Deve olhar para toda a audiência de igual forma;
- Simpatia ao falar, criando desta forma um maior entusiamo, mas com bom-senso.

A importância da Voz – tudo conta, tudo é observado por quem ouve:

- Ritmo
- Volume
- Velocidade
- Tom
- Pausas

Tenha em atenção todos estes fatores, não seja monocórdica, isto é, não fale sempre no mesmo tom se não as pessoas tendem a desligar, nem fale depressa nem devagar demais. Não se deve falar demasiado alto, nem demasiado baixo, temos de observar as condições acústicas da sala ou se temos micro, caso se justifique. As breves pausas são importantes para podermos respirar e dar alguma tranquilidade ao discurso.

A nossa voz também se treina, os artistas, os palestrantes treinam a voz. Quem o quiser fazer com maior profissionalismo pode comprar um livro interessantíssimo da Inês Moura, que é coach de voz, chama-se "O poder secreto da Voz"

Os Nervos – vão sempre existir, há que aceitar e saber lidar com eles:

- Saber de cor a introdução é sempre um excelente auxiliar que quebra o gelo inicial e que nos ajuda a arrancar bem a nossa exposição
- Controlar o Stress – existem exercícios para serem feitos antes de entrar num "palco", partilho alguns exemplos:
  - » Com a boca aberta diga 10 vezes – Ré Ré Ré
  - » 30 segundos mastigar com a boca aberta, repetindo 3 vezes

- » 30 segundos mastigar dizendo INHÃO, repetindo 3 vezes
- » Palmadinhas nas bochechas, para relaxar os músculos
- » Rodar a cabeça para o lado direito 5 vezes e as mesmas 5 para o lado esquerdo, para a frente e para trás. Desta forma relaxa a parte do pescoço e ombros
- » Levantar os braços, juntar as mãos em cima e esticar

- Dirija-se para a sua apresentação repetindo várias vezes a expressão, com muita convicção: Eu vou ser excelente / vai correr tudo bem.

Perceba que tudo em nós comunica, pelo que repito a preparação é 99% de sucesso!!!

Todos os artistas ficam nervosos antes de entrar em palco, precisam de treinar a voz e ensaiar os espetáculos.

Então nós que nem somos artistas de palco temos mais é que aceitar e fazer o mesmo que eles, treinar, ensaiar!!!

Treine ao espelho sozinha ou com alguém da sua confiança.

Só o facto de fazer apresentações ou vender as suas ideias com profissionalismo, determinação e convicção permite enaltecer o seu valor por parte de quem assiste. E a mensagem passa!

Como líderes também temos, por vezes, a responsabilidade por organizar reuniões, quero dizer-vos que devemos observar alguma metodologia.

Elementar, só se devem realizar reuniões se forem mesmo necessárias! Sei que vivemos num paradigma de reunir por tudo e por nada, embora esta tendência tenha vindo a diminuir.

Aqui ficam algumas recomendações no que toca à organização de reuniões:

- Enviar convocatória pelo menos com uma semana de antecedência, porque as outras pessoas também têm as suas agendas e responsabilidades associadas.
- Informe a agenda da reunião.
- Solicite as apresentações previamente para que todos se possam preparar com antecedência, promovendo uma reunião mais rápida e mais eficaz.
- Enfatize a importância da pontualidade.
- Permita e incentive que as reuniões sejam rápidas para não se perder nem o foco, nem o interesse, nem a interação. As reuniões longas, são cansativas e desfocam. Tempo é dinheiro!
- Esteja atenta às intervenções das pessoas para não haver quem monopolize tempos de intervenção.
- Deve haver sempre uma ata posterior à reunião para que depois seja possível monitorizar e responsabilizar.

Desta forma cumprem-se prazos e se algo corre menos bem há hipótese de corrigir em tempo. Por isso, nela devem constar quais as decisões tomadas, as ações a realizar, prazos e quem ficou de as executar.

De acordo com um artigo da Wharton Business School da Universidade da Pensilvânia (EUA), quando uma reunião é bem planeada e organizada, para um grupo de cerca de 5 pessoas o tempo ideal são 25 minutos.

Reuniões com grupos maiores nunca devem ultrapassar os 90 minutos, a partir daqui perde-se o foco.

5 - GERIR A DIVERSIDADE

Gerir a diversidade nos dias de hoje não é tarefa fácil, além do fator individualidade, vivem nas empresas diferentes gerações.

Por outro lado, há que ter muito cuidado com o uso de estereótipos e preconceitos sobre as pessoas com base em idade, sexo, raça ou etnia.

Se todas as pessoas fossem iguais um líder teria uma tarefa simples e fácil, mas tal cenário não existe.

Assim, há que perceber cada tipo de pessoa que trabalha na nossa equipa para aproveitar a riqueza individual.

Existem diferentes tipos de perfis, e um líder tem de saber lidar com todos eles, vou deixar-vos aqui algumas tipologias, ora vejamos:

- Os amigáveis e simpáticos, relacionam-se bem, trabalham bem em equipa.
- Os convencidos, sabem tudo, acham-se melhores que todos e até melhores que os chefes.
- Os introvertidos, dificilmente demonstram emoções ou partilham algo sobre eles.
- Os mais preguiçosos, podem ou não ser simpáticos.
- Os negativos, veem sempre o copo meio vazio.
- Os positivos, estão sempre dispostos a avançar sem medos.
- Os desestabilizadores, cujo objetivo é destabilizar para reinar.

Na liderança existe uma premissa importante, que é perceber e interpretar as diferenças individuais, não só ao nível das performances, mas entender o que está por detrás.

Há que atender a vários fatores:

- Geração
- Valores
- Motivações
- Dores
- Códigos de conduta
- Cultura
- Contexto individual

Saber gerir esta diversidade é crucial para o sucesso das lideranças e consequentemente das empresas.

Uma equipa diversa conjuga várias visões, gera mais criatividade, mais inovação, progride mais rapidamente quando enfrenta problemas. A diversidade permite abraçar desafios arrojados bem como estabelece com maior facilidade uma estratégia ganhadora.

"Você tem de criar a confusão sistematicamente; isso liberta a criatividade. Tudo o que é contraditório cria vida."

Salvador Dalí

Já falámos da importância das emoções, agora gostava de abordar um tema muito importante na liderança que tem a ver com a inteligência emocional. Escolhi Daniel Goleman para esta abordagem, pois foi considerado o pai da inteligência emocional.

Para quem não conhece Daniel Goleman, norte-americano, é psicólogo, escritor, foi jornalista durante 12 anos no New York Times, onde cobria a secção de Ciências do comportamento e do cérebro. Autor de diversas obras, entre as quais o Best-seller *"Inteligência Emocional"*.

Segundo ele a Inteligência Emocional é um aspeto crítico do sucesso quer pessoal quer profissional e é tão importante quanto um QI elevado. Já referimos atrás que se não soubermos gerir as nossas emoções deitamos tudo a perder.

Daniel Goleman considera que existem quatro pilares que suportam a Inteligência Emocional, que são:

Autoconsciência - a capacidade que as pessoas têm para compreenderem as próprias emoções. As suas fraquezas, forças, necessidades e impulsos, bem como os seus efeitos na vida e nas relações com os outros.

Autocontrole - a habilidade de controlar as próprias emoções, evitando reações impulsivas e agindo de maneira equilibrada. Sabemos que muitos problemas nas empresas surgem porque as pessoas não conseguem controlar as suas emoções. Este é um pilar de extrema relevância para quem lidera.

Empatia - Já falamos muito desta competência que é fundamental para quem quer gerir pessoas, é considerada uma das mais apreciadas pelos colaboradores. Um líder empático conquista as suas equipas, pois estas sabem que são compreendidas.

Habilidade social - trata-se de uma aptidão que potencia a nossa capacidade de estabelecer relacionamentos saudáveis e produtivos. Parte do pressuposto de que sozinhos não se alcança nada de relevo. Esta habilidade permite a resolução de conflitos com maior destreza.

Se considera que tem estas capacidades bem desenvolvidas, fantástico, se não é muito importante que as comece a desenvolver porque elas são a chave para o seu sucesso.

Existem inúmeros estudos que apresentam várias denominações e formas de organizar os estilos de liderança.

D.Goleman, observa 6 estilos diferentes, coercivo; autocrático; afiliativo; visionário; democrático e coach. Segundo este autor, um líder pode ter de usar mais do que um estilo dependendo da pessoa e da circunstância.

Infelizmente alguns dos estilos mais anacrónicos ainda subsistem, como por exemplo o autocrático ou o coercivo. Está mais do que provado que estes estilos de liderança não envolvem, pelo contrário distanciam as equipas. É a escolha entre a gestão pelo medo e a gestão de se trabalhar com gosto.

Hoje os novos *drivers* da gestão, num mundo bem diferente do passado, impõem estilos de lideranças mais colaborativas, mais humanas, inspiradoras e mais flexíveis.

Torna-se claro que a flexibilidade permite adaptar o estilo de liderança de acordo com a situação *versus* pessoa, ou até à circunstância do momento que a empresa vive.

"A chave é fazer com que um líder se interesse em mudar. Se não estão interessados em mudar, não há progresso. É necessário que a pessoa perceba a desvantagem do seu estilo de liderança ao obter uma avaliação precisa"

Daniel Goleman

Para que se possa desenvolver e ser uma excelente líder vale muito a pena fazer um teste de liderança, atualmente a internet é um veículo super facilitador para nos ajudar neste tema. Coloque no google – teste estilo de liderança e escolha.

Um testemunho interessante da Patrícia que conquistou a sua liderança e que conhece o valor da diversidade:

PATRÍCIA SANTOS
Co-fundadora & CEO Zome

Ainda na universidade, comecei a minha carreira como formadora profissional em segurança no trabalho. Depois de me licenciar, evoluí até diretora do departamento de direção de obra. Mas a vida é uma constante evolução, e eu queria mais.

Decidi abraçar o desafio do empreendedorismo. No entanto, a minha jornada ganhou uma dimensão ainda mais incrível quando me tornei mãe de duas filhas. Elas desafiaram-me a tornar-me uma pessoa e profissional melhor, ensinando-me a arte da comunicação, negociação, planeamento, organização, delegação de tarefas e, acima de tudo, empatia.

Tornei-me uma versão mais humana de mim mesma, capaz de ler nos olhos de alguém quando precisa de um abraço ou um amigo para desabafar ou de uma palavra de encorajamento. Essa experiência fortaleceu-me, dando-me ainda mais coragem, resiliência e determinação de nunca desistir no mundo do empreendedorismo.

Sonho, determinação e inovação: a história da Zome

Em 2006, três amigos com um sonho comum abriram uma agência imobiliária. Com muito trabalho e dedicação, a empresa rapidamente cresceu e passaram a 9 amigos, que em 2019, lançaram a sua própria marca: a Zome.

Nascemos com um propósito: desafiar o status quo do setor e impulsionar a inovação e humanização. Crescemos de forma rápida e sustentada. Hoje, somos uma empresa com mais de 1900 pessoas e 46 unidades em todo o país. Estamos na vanguarda da inovação, lançamos uma plataforma que torna possível uma experiência imobiliária 100% digital, realizamos a primeira escritura em criptomoedas, lançamos o primeiro Hub no Metaverso e incorporamos o chatGPT no motor de pesquisa no nosso site oficial.

Hoje somos uma empresa líder em inovação e humanização, com um palmarés de distinções que nos colocam no topo do nosso setor, como a Melhor Empresa para Trabalhar em Portugal no setor da mediação, o Prémio Inovação na Mediação e recentemente com o Prémio Nacional de Inovação.

Para nós as pessoas são o nosso maior ativo. Acreditamos que o talento não tem género, e por isso criamos um ambiente de trabalho inclusivo e equitativo. O nosso conselho executivo é composto por 50% de mulheres e 50% de homens. As mulheres representam 54% dos colaboradores da empresa e 44,6% das posições de liderança.

Estes números são a prova de que **a igualdade de género é possível quando as empresas valorizam o talento e a diversidade.**

A Zome é uma história de sonho, determinação e inovação. É uma empresa que está a mudar o mercado imobiliário e a inspirar outras empresas a serem mais inovadoras.

Após muitos anos nesta incrível montanha-russa de emoções e desafios, de momentos de boa adrenalina e de outros de estar borrada de medo, continuo a minha jornada, rodeada por pessoas extraordinárias que partilham a missão de mudar vidas, juntos!

O que já aprendi nesta jornada:

Ser mãe é uma grande responsabilidade, tal como liderar. Ambos os papéis exigem de nós organização, eficiência, resiliência e empatia.

Ser sensível é uma característica importante para o sucesso no empreendedorismo. Os líderes sensíveis são mais empáticos e compreensivos, o que cria um ambiente de trabalho mais positivo e produtivo.

O equilíbrio perfeito não existe. É preciso priorizar e focar-

-se em objetivos específicos, e focar numa área de cada vez para alcançar a excelência.

A importância das pessoas. A jornada é mais gratificante quando é acompanhada das pessoas certas. Eu sempre fui uma pessoa ambiciosa e determinada a alcançar meus objetivos e sei que não teria chegado onde estou hoje sem o apoio das pessoas certas. A família sempre foi o meu porto seguro que me apoiou incondicionalmente, mesmo nos momentos mais difíceis. Os meus amigos também foram fundamentais para me encorajar, me apoiar e me incentivar a seguir em frente e, claro, não posso deixar de mencionar os meus colegas de trabalho, que são uma fonte constante de inspiração e motivação.

Muito Obrigada, Patricia!

6 – BEM ESTAR GERAL

Nunca podemos descurar o nosso BEM ESTAR GERAL, porque se nos sentirmos bem connosco, com energia, conseguimos que o nosso cérebro funcione bem, estimulando também a nossa criatividade e dando-nos mais confiança.

Ora, estando nós em boas condições conseguimos ser felizes e projetar essa felicidade nas equipas e nas pessoas que nos rodeiam.

Pessoas felizes produzem mais rápido, com maior qualidade e espalham "boa onda", ou seja, promovem um ótimo ambiente de trabalho, diz-se que a felicidade dá lucro e eu acredito seriamente.

Felizmente que já existem empresas que criaram departamentos de felicidade e que já desenvolvem políticas que potenciam o empoderamento feminino.

Aqui fica mais um testemunho que atesta estas práticas.

RICARDO COSTA
CEO Grupo Bernardo da Costa | Presidente da AEMinho | Cônsul Honorário do Kosovo | Criador do Departamento da Felicidade | Empreendedor | Palestrante | Mentor

Como líder, acredito firmemente que a igualdade de gênero é mais do que uma questão de justiça, é uma questão de inteligência e sabedoria empresarial.

Quando damos às mulheres as mesmas oportunidades e apoio que aos homens, estamos a investir no futuro da nossa organização e da sociedade como um todo.

Não se trata de um direito, mas de um dever.

Ao longo da minha carreira, tive a sorte de trabalhar com mulheres excecionais que desafiaram estereótipos e mostraram que o talento e liderança não tem gênero.

As contribuições que fazem no Grupo Bernardo da Costa são fundamentais para o sucesso da nossa empresa, e isso só reforça a importância de promover o empoderamento feminino.

É crucial que todos os líderes reconheçam que a diversidade de gênero é uma força e não uma riqueza. Quando temos diferentes perspetivas e experiências representadas na nossa equipa de liderança, tomamos decisões mais informadas e inovadoras que nos permite destacar no mercado e dar o exemplo.

Além disso, criamos um ambiente de trabalho mais inclusivo, onde todos têm oportunidade de crescer e prosperar, independentemente do gênero. Será sempre essa a nossa premissa, enquanto profissionais e seres humanos.

A nossa empresa compromete-se ativamente a apoiar o desenvolvimento profissional das mulheres.

As nossas iniciativas são programas de mentoria e criação de um ambiente que valoriza a contribuição de todas as nossas colaboradoras.

Olho para o futuro e tenho a certeza de que as mulheres desempenharão um papel cada vez mais importante em todas as esferas da vida empresarial e social. É uma evolução necessária e positiva que devemos abraçar plenamente.

Acredito que juntos podemos construir um mundo onde o talento, a determinação e a liderança sejam reconhecidos independentemente do gênero.

Nós, como um grupo que valoriza e implanta a liderança e empoderamento feminino, temos políticas como a flexibilidade no trabalho, através de teletrabalho, horários flexíveis para conseguir corresponder às necessidades das mulheres, especialmente as mães.

Uma comunicação inclusiva, ou seja, realçamos em todas as reuniões anuais uma comunicação interna que promova a igualdade de gênero e que todos os funcionários estejam cientes das políticas e iniciativas relacionadas com o empoderamento feminino.

Temos prémios de desempenho, nos quais os critérios de avaliação de desempenho sejam justos e livres de preconceitos de gênero e que as promoções sejam baseadas no mérito.

Temos uma enorme diversidade na liderança. Adotamos metas específicas para aumentar essa mesma diversidade, sendo que neste momento 50% dos cargos de direção são ocupados por mulheres - Direção Financeira, Marketing, Felicidade e Recursos humanos.

Aplicamos a transparência salarial, as informações sobre salários são mais transparentes permitindo que os funcionários compreendam as estruturas salariais e não existam discrepâncias de gênero, além disso estamos sempre recetivos a parcerias com organizações e iniciativas que promovam o empoderamento feminino.

Portanto, encorajo todos os líderes a se comprometerem com o empoderamento feminino e a fazerem a diferença nas suas empresas.

Não se trata apenas da coisa certa a fazer, mas também é a chave para um futuro mais próspero e equitativo.

Acredito que devemos trabalhar juntos para construir um mundo onde todas as pessoas, independentemente do gênero, possam alcançar o seu pleno potencial e contribuir para um futuro melhor.

O empoderamento feminino é mais do que uma simples causa, é uma força transformadora que ilumina o caminho para um futuro mais igualitário e inclusivo.

À medida que cada vez mais mulheres rompem as barreiras de uma sociedade, superam desafios e conquistam posições de liderança em todas as esferas da vida, não apenas empoderam, mas também inspiram gerações futuras a sonhar alto.

Sinto que é o meu dever enquanto líder, mas também enquanto pai de uma menina.

Realço e concluo que o empoderamento feminino não é uma caminhada que deve ser feita apenas pelas mulheres.

É um compromisso que todos nós, independentemente do gênero, devemos abraçar.

Muito obrigado, Ricardo!

Considero que é importante observar 3 dimensões, para encontrarmos o nosso equilíbrio e nos podermos focar no nosso objetivo com profissionalismo, mas também com tranquilidade. Eu refiro estes aspetos não por ser moda, mas porque os considero verdadeiramente importantes.

Como líderes que somos estamos sujeitas a grandes pressões, quer seja no atingir resultados quer seja na gestão de equipas, mas depois temos ainda de criar estabilidade no nosso ambiente familiar. Ora, o corpo e a alma precisam de estar tonificados, para evitar situações stressantes.

Analisemos então estas 3 dimensões:

Física – Tenha a preocupação de fazer exercício físico regular, pode fazer uma caminhada ou correr 20 a 30 minutos por dia, ou ir ao ginásio 2 a 3 vezes por semana; tenha cuidado com a alimentação, prevenindo o aparecimento do stress. Nunca deixe saltar refeições por questões de trabalho, pode acontecer pontualmente, mas com regularidade não o permita. Evite a fast-food. Cuidado com o álcool, beba pelo menos 1litro de água por dia, coma verduras e fruta diariamente.

Lembre-se que é a sua saúde e sem ela não consegue servir ninguém.

Reinvente-se e pense como vai programar estas atividades.

Mental – Aloco a esta dimensão a área do nosso desenvolvimento, a forma como nos instruímos, aprendemos e nos reciclamos quer pela leitura, pela escrita ou pela formação.

Vá de novo à escola se for o caso, esteja atenta às revistas da sua área, faça formação para aprender novas técnicas ou apenas para reciclagem. Vá a congressos, conferências, assista a webinars. Não podemos fazer tudo, mas podemos ser seletivos e gerir as nossas prioridades.

É fundamental que estejamos atualizados, só assim o nosso cérebro consegue raciocinar com as competências certas e sermos profissionais de sucesso.

Aprender até morrer é o meu lema!

Espiritual - Diz respeito ao nosso íntimo - há quem encontre paz de espírito no religioso, na leitura, na meditação, no humor, no contacto com a natureza, o que seja que a inspire.

A mente precisa de encontrar os seus caminhos, a sua tranquilidade. Precisa de saber caminhar corretamente e estar preparada para enfrentar desafios e contrariedades. No mundo de hoje, torna-se relevante termos uma mente fortalecida para não entrarmos numa situação de *burnout.*

Sei por experiência própria que todas estas dimensões são importantes para o nosso bem estar. Mas, apenas obteremos resultados se as desenvolvermos com disciplina.

Não deixe de ter tempo para si, é uma premissa, também, muito revelante para o sucesso. Seja dona da sua agenda e com organização e resiliência estou certa de que vai arranjar um espaço onde encaixar estas 3 dimensões. As pessoas bem-sucedidas não deixam de o fazer.

Existem as mais variadas técnicas que ajudam a relaxar.

Depende da pessoa, pode ser corrida, caminhada, desportos radicais, massagens, meditação, reiki, olhar o mar, tratar de plantas, cozinhar, etc. etc. Cada pessoa é única e precisa de encontrar a prática que melhor lhe atenda.

Não obstante todas as técnicas existentes, devemos começar com uma que é elementar, o saber respirar corretamente, ou seja, aprenda a controlar a sua respiração.

O FOCO NA NOSSA RESPIRAÇÃO É FUNDAMENTAL PARA A NOSSA SAÚDE.

Com um pouco de treino é possível adquirir técnicas que mesmo à secretária as conseguimos desenvolver, é simples, mas cá está de novo, é preciso regularidade.

A forma como nos oxigenamos ajuda-nos a controlar os nossos níveis de adrenalina.

DEIXO-VOS UM PEQUENO EXERCÍCIO RESPIRATÓRIO.

1. Primeiro que tudo, colocar na agenda esta tarefa, para constituir uma rotina.
2. Fazer no mínimo 3 breves pausas, cada uma de 2 a 3 minutos. Se conseguir 5m melhor ainda, (por certo menos tempo do que gasta quem fuma).
3. A posição é importante, costas direitas, ombros para trás, pés bem assentes no chão. Em casa podemos adotar a posição de yoga ou deitada. Pode também praticar antes de adormecer ajuda imenso a relaxar.
4. Inspirar profundamente pelo nariz 4x, suster o ar 6 segundos, expirar calmamente o ar pela boca em 7x. Repita 4 a 5 vezes.
5. Enquanto o fazemos, precisamos de pensar e sentir apenas a respiração.
6. Se possível fazer o exercício com auscultadores ouvindo música relaxante.

O envolvimento com este processo é determinante para

enfrentarmos cada dia com boa energia e com boa disposição. Conseguir gerir o controlo respiratório é dar os sinais ao seu cérebro de como se quer sentir.

Vejamos um excelente exemplo de sucesso de quem se diz que é "praticante de um bom equilíbrio entre a vida privada, familiar e profissional":

MARIA JOÃO MARTINS
Managing Partner da MY CHANGE

Sou a filha do meio, entre dois rapazes, e nasci numa família que cedo me ensinou a conquistar metas, através do coletivo. Em nossa casa, onde todos trabalhavam, quando ainda éramos crianças, o sentido de responsabilidade era oxigénio e celebravam-se as conquistas de cada um, como de todos. Sou do tempo em que as mães trabalhavam também ao sábado e eu e os meus irmãos, definíamos papeis complementares entre nós e objetivos distintos para, quando ela regressasse, nesse dia que era de descanso de escola para nós, a casa estivesse impecável, perfumada e pronta para todos. Hoje sou uma convicta defensora da igualdade de capacidade, talento, empenho e oportunidades, entre Homens e Mulheres, compreendendo a magia da complementaridade, porque a vivi e experimentei, desde que nasci. Aprendi aí muito do que pratico ainda hoje em que sou feliz a servir e a melhorar o mundo dos outros. Nesse mesmo berço, tive também uma escola de grande empreendedorismo. O meu pai sempre teve empresas próprias, iluminadas pela cor da criatividade e ensinou-me a escutar o muito que temos dentro de nós e a nunca desistir, mesmo perante as maiores dificuldades. Julgo poder-me descrever da seguinte forma:

Revejo-me como uma **empreendedora, com sólida experiência empresarial** – a minha vida repartiu-se entre funções ao mais alto nível como Líder de RH de Grupos empresariais e missões desafiantes no admirável mundo da Consultoria, onde tive diversos papeis em diversas organizações e acabei por fundar a MY CHANGE, uma empresa portuguesa com 17 anos de vida, que é certificada em Change Management & People Transformation. Como psicóloga, gestora, amiga, mãe e companheira, as Pessoas são a minha paixão e acredito realmente no poder mágico que têm;

Sinto-me inovadora na abordagem aos processos de Change Management e implicações na gestão dos RH – o que mais gosto é de desenhar soluções à medida que potenciam as pessoas na estratégia da Organização. Acredito que faz toda a diferença investir neste alinhamento com uma Visão positiva da mudança. Sou praticante da gestão estratégica da mudança como fator constante, preferindo antecipar a adaptar. Pelo Coaching a pessoas e equipas, trabalham-se as mudanças de crenças, para evoluirmos.

Sou praticante de um **bom equilíbrio entre a vida privada, familiar e profissional** – nem sempre foi ou é fácil. Mas nunca, em momento algum, me esqueci que só seria feliz se me dedicasse às diversas dimensões do que sou como Pessoa. Hoje sei que sou também melhor profissional, porque sou uma mulher e mãe presentes, muito implicada e próxima e que tudo faz para fazer feliz a família. Sou mãe de dois filhos maravilhosos que já estão no mercado de trabalho, sei que lhes passei muito do que sou, mas que também me ensinam todos os dias a viver a cérebro total (razão e emoção juntas) e a ser melhor pessoa;

Sou inspiradora na gestão das lideranças e equipas, incluindo gestores, colaboradores, clientes e parceiros – eu vibro com o poder positivo que todos temos de nos auto liderarmos e de liderarmos ideias, projetos, missões e sonhos. Sou crente do princípio fundamental de que 90% da liderança se faz pelo desempenho e comunicação exemplares dos líderes. Tenho tido o prazer de inspirar muitos Líderes a usarem o melhor deles mesmos, pelo Coaching, Mentoring e Learning. Fazendo acreditar que há sempre um mundo de melhores possibilidades para influenciarmos positivamente tudo em que tocamos. Um dia disseram-me que a minha profissão era ser Motivadora!

Estou orientada à eficácia na concretização de objetivos com impacto no curto, médio e longo prazos – tenho um sentido de urgência enorme para fazer acontecer o que faz sentido. Impacienta-me muito, o porquê de se deixar para amanhã. Não vivo bem com a ideia de "laissez faire, laissez passer". Vivo na ânsia de construir e moldar o mundo para melhor.

Revelo-me demolidora de complicações e complexidades, segundo o lema de que "tudo é possível" e de que "nada é impossível". É mesmo o meu Mindset. Em alturas muito difíceis em que perdi pessoas queridas, levei a esperança até ao último minuto. Dizem que tenho sempre uma saída. Os meus filhos até dizem que podem perder coisas, que sabem que eu encontrarei. Tipo Sherlock Holmes das emoções, curiosidades ou mesmo dos concretos perdidos e achados.

Sou adepta do investimento no capital humano, porque é ele que faz a diferença. Eu sei que temos organizações para atingir resultados, também tenho uma, mas nunca sem as pessoas alinhadas ou envolvidas, bem geridas, com políticas de RH inovadoras e sempre com uma aposta clara numa comunicação positiva, geradora de conexão, interdependência e colaboração.

Sou construtora de relações completas, fortes como cimento e cheias de sentimento, influenciadoras da edificação e manutenção de projetos excelentes, de vida e profissionais. Acredito que se fazem amigos no local de trabalho, contrariando o que muitos dizem. Tenho relações profissionais que me deram amigos de décadas, com quem ainda hoje trabalho porque sou genuinamente interessada com cada um e o seu mundo e sei jogar os papeis no campo certo;

Sou uma gestora criteriosa da hierarquia dos 5 sentidos e do seu impacto na capacidade de aprender, fazer e acionar. Ouvir, em primeiro lugar. Dou o exemplo! E quando escuto com atenção, descubro sempre humanidade em tudo o que me dizem! Mas dou também tudo por um abraço, no momento certo.

Acho que faz milagres!

Como mulher, o trabalho nunca me assustou, sempre trabalhei lutando por desafios mais ambiciosos e nunca me senti diferente ou menos capaz do que qualquer par homem. Vale a pena mostrar que temos os mesmos direitos e caminhos de oportunidades. A minha história confirma, um mesmo mundo de possibilidades!

Muito Obrigada, Maria João!

Assisti a uma conferência onde o Sr Anthony Robbins partilhou 5 conselhos valiosos para o nosso autodesenvolvimento, que decidi partilhar neste livro.

Anthony Robbins é apontado o maior especialista nos EUA na área da motivação e do desempenho. Foi considerado pela Accenture, como um dos "50 principais intelectuais de negócios do mundo"; pela Harvard Business Press, como um dos "Top 200 Business Gurus" e, da American Express, como um dos "seis principais líderes de negócios do mundo".

Os seus 5 conselhos, diria, estão á mão de todos, mas como já tenho referido, imenso, é necessário disciplina, organização e foco, se queremos que surtam efeito.

1. **Reserve 20/30minutos de leitura todos os dias.** Estes minutos são fundamentais para se desenvolver e manter-se atualizado quer ao nível mental, emocional quer ao nível espiritual, ou até digital, enfim o conhecimento é infinito.

   A este propósito, da leitura, li um artigo em que Ann

Hiatt, profissional que trabalhou diretamente com Jeff Bezos, o dono da Amazon, onde relatou que este, todos os dias chegava ao escritório com 3 jornais e que por volta da hora de almoço já tinha tudo lido. Mantinha também o ritual de estar sempre de volta de livros quer fossem artigos científicos ou outros temas.

2. **Aprenda a agir, deixe a incerteza de lado.** Criar o hábito de se sentir "seguro". Os sentimentos às vezes enganam-nos por isso temos de os combater. Segundo este autor, com a insegurança surgem as oportunidades, ele refere que a segurança não é um sentimento, mas sim um hábito por isso nós aprendemos a ser seguros. É como falar em publico, quando mais treino mais à vontade a pessoa se sente. Agir, fazer, agir!

3. **Ofereça generosidade** – sempre que possível devemos ajudar os outros, quanto mais damos, mais o universo nos retribui. A chamada lei da semente, quando mais dá mais recebe em troca!

4. **Saiba escolher os seus parceiros.** Todos os parceiros, equipas, podem estar em desacordo sobre um tema, mas devem estar em total parceria. Saber escolher as pessoas certas que nos rodeiam é fundamental. Pessoas em que posso confiar, em quem eu me inspiro.

   É fundamental rodearmo-nos dos melhores!

5. **Nunca deixe de fazer as perguntas mais revelantes.** Fazer perguntas poderosas e não desistir sem estar satisfeito. A clareza, a curiosidade de entender o porquê das coisas, são fundamentais para singrar.

IX REFLEXÃO FINAL

Eis que chegou o momento da **reflexão final:**

Segure o seu smartphone, sente-se ao PC ou pegue numa folha de papel e numa caneta, conforme preferir e aceite o meu desafio.

Primeira questão, já está certa do seu propósito? Abordámos algumas vezes a sua importância.

Escreva-o, se preferir pode ser até aqui.

O meu Propósito é:

Segunda questão já alguma vez fez uma análise SWOT?

Ainda não passou de moda, geralmente pedimos a outros para a fazerem e não a aplicamos a nós próprias.

Analise quais as suas forças pessoais **(S)**, as suas fraquezas pessoais **(W)**, as suas oportunidades relativas ao exterior **(O)** e as suas ameaças relativas ao exterior **(T)**.

Vou deixar um exemplo para que, caso nunca a tenha usado a possa construir.

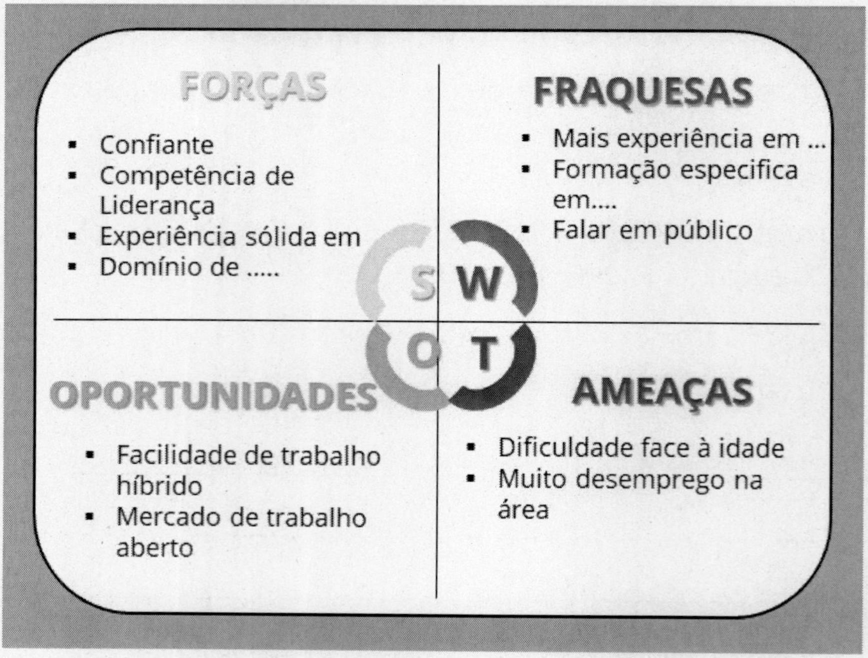

Atendendo ao seu objetivo profissional, com tudo o que leu neste livro, mesmo que já tenha feito esta análise, desafio-a a fazê-la de novo.

O Método Kaizen, conhecido como um sistema de melhoria contínua deveria estar presente em nós! Ou seja, devemos ter a preocupação de nos desenvolvermos, de nos reinventarmos e procurarmos sempre fazer melhor todos os dias, quer pessoal quer profissionalmente.

Para quem não conhece, este método é de origem japonesa, surgiu no ano de 1950...e tem por detrás a seguinte filosofia: **"Hoje melhor que ontem, amanhã melhor que hoje"**.

Embora tenha nascido no século passado é muito usado ainda hoje nas organizações, assenta nos seguintes princípios:

1- Envolver todos os funcionários da empresa
2- Transparência
3- Aprender na prática
4- Baixo investimento
5- Foco na geração de valor
6- Eliminar desperdícios

O grande objetivo deste método é obter a máxima eficiência em toda a estrutura organizacional, negócio, processos, projetos, pessoas.

Só teremos benefícios se desenvolvermos um *mindset* de aperfeiçoamento contínuo, adotando o lema do Kaizen.

Hoje temos o recurso ao CHAT GPT ou ao BARD CHAT, entre outras ferramentas da inteligência artificial que nos podem facilitar a vida.

Um outro aspecto a ter em consideração é quando começamos um novo emprego, é fundamental que nos adaptemos à cultura da empresa e ao momento que ela atravessa. Esta capacidade de adaptação pode ser decisiva para o nosso sucesso profissional.

A estratégia acertada numa empresa pode não ser a ideal em outra cuja cultura e momento possam ser diferentes. Aceitar as diferenças e abraçá-las é a chave.

Partilhei consigo neste livro, a minha experiência, ferramentas, pensamentos, valiosos testemunhos, tudo com o propósito de a ajudar no seu trilho, inspire-se com o que mais se identificar consigo.

SE NADA FIZER DIFERENTE, NADA VAI MUDAR, ESTA É UMA CERTEZA!

Pois bem, então passamos à ação seguinte.

Após a leitura deste livro e das reflecções que possa ter tido, agora de forma tranquila observe o seguinte desafio:

Faça uma tabela semelhante à que está abaixo e comprometa-se consigo própria. Deixo-lhe apenas alguns exemplos caso precise de ajuda.

Exemplos	O quê?	Para quê?	Como?	Vou pedir ajuda?	Obs
O que quero alterar imediatamente	Fazer apresentacões poderosas	ganhar credibiidade e conquistar aliados	Treino / Treino / Treino	Não preciso, consigo fazê-lo. Curso na net	Ser objectiva; falar p/toda a audiência/ não hesitar....
	Imagem	Acho que não estava adaptada à cultura	Comprar novas roupas / cumprimentar todos sem excepção	Sim	Final do mês
	......				
Alterar entre 1 a 3 mês	Alterar algumas crenças	Preciso de ganhar coragem para dizer o que penso	Lendo / curso/ coach /colega	Sim	
	......				
	....				

Atenção, defina os seus desafios de melhoria de forma clara, objetiva e tangível, mas ao mesmo tempo estimulantes, coloque datas. Acredite, mesmo, que vai almejar o que ambiciona, imagine-se lá. Como se sente?

Não perca o foco nem o compromisso se não, não vai conseguir. É fundamental acompanhar os seus resultados, monitorize os progressos.

É altura de passar da Expectativa para o Compromisso!

E ainda, celebre as suas conquistas, mime-se, vá a um spa, vá jantar fora com uma companhia agradável, ou vá assistir a um espetáculo, ou vá ao cinema, enfim a imaginação como sabe não tem limites.

Mesmo que sejam vitórias pequenas não faz mal, pois dão-nos alento a continuarmos e a ambicionarmos mais. **Desistir não é opção.**

Vou deixar-lhe a citação de Saint. Clair Mello – Pensador, para que possa refletir e passar a arranjar tempo.

"Todos nós somos dispensáveis. Sobretudo os que se acham insubstituíveis"

CRIE UM MINDSET VENCEDOR:

- Ser positiva – ver sempre o copo meio cheio.
- Resiliente
- Aceitar a crítica
- Aprender com os erros
- Sempre disponível para aprender
- Ser curiosa
- Pró-ativa

Recapitulando, invista no seu desenvolvimento pessoal,

através da leitura, cursos, frequência de *workshops*, formação profissional, esteja presente em eventos. Mantenha a atualização das suas ferramentas de trabalho, aproveite a tecnologia, esteja atenta ao que se passa no mundo. Potencie a *networking* e muito importante cuide da sua mente do espírito e do seu corpo.

A partir de hoje esta torna-se uma missão sua.

X UMA "CURIOSIDADE" DE ENCANTAR

Bem-vindas à Ilha das Mulheres - conhecida como "o último matriarcado da Europa"

Achei hilariante esta descoberta que fiz nas minhas pesquisas e que, atendendo ao tema do livro não pude deixar de partilhar convosco, pois é uma situação real, atual e única.

De seu nome **Kihnu** é uma ilha no mar Báltico, com cerca de 14 Km, o seu ponto mais alto está a 8,9 m de altitude.

É a sétima maior ilha da Estónia, onde as mulheres estão no comando!

Foi declarada pela UNESCO como Património Cultural Imaterial da Humanidade.

A população não chega às 500 pessoas e tende a diminuir porque os mais jovens vão fugindo para o continente.

Há dois séculos os homens optaram por se dedicar à pesca e à caça das focas, deixando tudo para trás, passando vários meses fora da ilha.

Esta ausência, implicava que quando eram precisos os homens nunca estavam presentes.

Face à situação as mulheres Kihnu começaram a governar a ilha e a substituir-se aos homens em todas as tarefas necessárias para a sobrevivência.

"Essa é a razão histórica pela qual as mulheres se tornam muito fortes, muito independentes." Referiu a responsável da ilha.

Alem de tratarem dos filhos, passaram a ser também agricultoras, reparavam os motores dos tratores, realizavam serviços religiosos quando o padre não estava. Dizem que o único trabalho que não fazem ainda é enterrar quem morre. Este é, talvez, o único trabalho reservado aos homens, que na realidade são poucos.

Foi-se desenvolvendo assim uma sociedade em que as mulheres assumiram cargos políticos, pois se os homens não estavam alguém tinha de tomar as decisões necessárias.

Não se pode dizer que as mulheres da ilha tivessem algo contra os homens, a verdade é que tiveram de tomar as medidas administrativas e sociais para se manterem vivas.

Nesta ilha existe uma hierarquia de prioridades definida, primeiro as crianças, depois a comunidade e, por último os homens.

Uma fotógrafa norueguesa de nome Anne Helene, decidiu visitar a ilha para retratar a vida destas mulheres. As suas fotos foram publicadas no livro "Big Heart, Strong Hands", coração grande, mãos fortes.

Numa entrevista que deu à BBC Anne referiu:

"Se um trator quebrasse, não havia um homem por perto, então as mulheres tiveram de aprender a consertar o trator. Elas tinham de alimentar os animais, tomar conta dos cavalos no campo, das vacas para o leite, das galinhas, das ovelhas para a lã para que elas pudessem ter roupas no inverno.

Os homens quando não estão no mar, estão lá, só não participam na vida quotidiana"

A uma pergunta que lhes fizeram sobre o tema do feminismo elas responderam "Claro, as mulheres são capazes. Claro, as mulheres são competentes. Mas não, homens e mulheres não são iguais – as mulheres provaram que podem fazer tudo o que os homens podem, mas os homens não podem fazer tudo o que as mulheres podem"

São audazes, têm tradição de danças e de cantares, sentem-se felizes.

É uma forma de vida, possível!

XI CONSIDERAÇÕES FINAIS

Eu adorava que a percentagem de mulheres no topo das empresas aumentasse com alguma rapidez. Tenho consciência que não é tarefa fácil, mas pensei que mesmo pouco que seja, se eu conseguir impactar e ajudar algumas mulheres, sobretudo jovens que possam estar no início de carreira e que tenham esta ambição, já me sentirei muito feliz.

Há muita coisa que conseguimos fazer sozinhas, como qualquer ser humano, mas se vemos que precisamos de ajuda não devemos hesitar em pedi-la, seja a quem entendermos.

Termos ajuda de alguém que nos ouve que nos encaminha é por vezes diferenciador nos nossos resultados.

Encontrei esta fórmula secreta do Cristiano Ronaldo que achei muito certeira porque é mesmo isto!!!

> **A fórmula secreta é...**
>
> "Esforço, dedicação, trabalhar muito, porque hoje o talento já não é suficiente!"
>
> *Cristiano Ronaldo*

Quero aqui deixar também algumas fórmulas de sucesso, vistas por 2 testemunhos, neste caso um de homem e de outro de uma mulher, nada melhor como a diversidade para terminarem os nossos testemunhos.

SALVADOR DA CUNHA
CEO Lift Consulting

As 5 grandes valências da Liderança Feminina: Empatia, Responsabilidade Social e Ambiental e Valorização do Talento como Pilares da Excelência Empresarial.

As empresas estão hoje, mais do que nunca, conscientes da importância e do impacto que uma liderança que vai além dos números e da performance financeira, elementos tão característicos das lideranças masculinas, têm no sucesso das organizações. Este sucesso é indissociável da capacidade que as lideranças têm de endereçar expectativas e necessidades dos seus Stakeholders e de merecer a sua confiança em várias dimensões, muitas delas hoje mais próximas das preocupações femininas do que masculinas.

O mundo mudou radicalmente nos últimos 20 anos, quebrando paradigmas e convidando progressivamente a um maior empoderamento e representatividade das lideranças femininas na construção de sociedades e organizações mais justas, igualitárias e progressistas. E para isso contribuem fatores diferenciadores como a empatia, a diversidade, a criatividade, o talento, o equilíbrio e a responsabilidade social e ambiental, que são hoje características distintivas dos modelos de liderança feminina e, sem dúvida, elementos agregadores de valor. Estes pilares não só motivam e enaltecem as Mulheres líderes, como têm provado ser uma medida de sucesso para as organizações que os privilegiam e integram, já que trazem para a equação de gestão o valor acrescentado que se cria em torno dos Stakeholders, sejam eles colaboradores, clientes, fornecedores ou parceiros de negócio, e muito importante, do talento que as empresas necessitam para vingar. Não raras vezes as empresas geridas com base nestas dimensões têm performances financeiras superiores às que mantêm modelos anacrónicos de gestão apenas baseada na performance, gerando comportamentos de suporte positivos por parte dos seus Stakeholders que aumentam a confiança, o nível de familiaridade, beneficiando e consolidando a sua reputação.

Mas ainda que a paridade dos cargos de liderança tenha aberto oportunidade à crescente afirmação feminina na liderança das empresas e a novos valores e práticas organizacionais, importa abraçá-la verdadeiramente, havendo ainda muita estrada para correr. Pois não há nada pior do que uma mulher querer afirmar a sua liderança criando uma "persona" autocrática, fria e distante, por considerar que só assim podem vingar no "mundo de homens". Já não tem de ser assim.

Empatia: A Essência da Liderança Feminina

A empatia é um dos traços mais marcantes da liderança no feminino. Mesmo com algumas exceções, as mulheres líderes têm demonstrado uma capacidade excecional de compreender as necessidades e preocupações dos Stakeholders, em particular dos seus colaboradores, criando assim ambientes de trabalho mais inclusivos, saudáveis e produtivos que fortalecem as ligações e promovem a colaboração, a resolução eficaz de problemas e a minimização de conflitos.

A liderança feminina traz à tona a importância de ouvir atentamente, de se colocar no lugar do outro e de tomar decisões que considerem o bem-estar coletivo. Esta abordagem humanizada não só motiva as equipas a dar o seu melhor, como também ajuda a construir marcas com um toque de autenticidade e cuidado.

Da mesma forma, a promoção de um maior equilíbrio entre a vida profissional e pessoal demarca-se nas lideranças femininas, ora não fosse esta uma preocupação natural das Mulheres. Há um apelo natural e uma preocupação visível das mulheres líderes em promover políticas e práticas que favorecem o equilíbrio saudável entre a dimensão profissional e pessoal, o que beneficia não apenas as mulheres em si, mas toda a equipa.

Valorização do Talento: Construir Equipas de Alto Desempenho

Outro pilar da liderança no feminino é a valorização do talento. As mulheres líderes entendem que o sucesso de uma organização está profundamente ligado à qualidade das pessoas que a compõem. Elas estão empenhadas em atrair, desenvolver e reter talentos, criando culturas organizacionais onde a diversidade e a inclusão são prioridades.

A promoção de um ambiente onde cada indivíduo é encorajado a alcançar o seu potencial máximo resulta em equipas mais criativas, inovadoras e eficazes. A liderança feminina reconhece que investir no desenvolvimento das pessoas não é apenas uma responsabilidade, mas também uma estratégia inteligente para o sucesso a longo prazo.

Responsabilidade Social e Ambiental: Liderar com um Propósito Maior

A liderança no feminino está intrinsecamente ligada à responsabilidade social e ambiental. Mulheres líderes frequentemente têm uma visão de negócios que vai para além do lucro, concentrando-se em como a empresa pode contribuir positivamente para a sociedade e o meio ambiente. Esta abordagem é um diferencial competitivo crucial nos dias de hoje, à medida que os consumidores valorizam cada vez mais empresas que têm um propósito genuíno.

Mulheres líderes frequentemente assumem a responsabilidade de adotar práticas sustentáveis e éticas nos negócios. Elas compreendem que a sustentabilidade não é apenas uma tendência, mas uma necessidade imperativa para um futuro melhor. Empresas lideradas por mulheres, ou com mulheres nas equipas de liderança, tendem a ser mais atentas às questões ambientais e sociais, estabelecendo padrões elevados que inspiram outros a seguir o mesmo caminho.

Conclusão

A liderança no feminino, baseada na empatia, na valorização do talento, na responsabilidade social e ambiental representa um modelo de excelência empresarial que é mais relevante do que nunca. Mulheres líderes estão a moldar organizações. Preocupando-se com o bem-estar das pessoas e do planeta. Estes valores não só motivam e enaltecem as mulheres, como também contribuem para a reputação e a sustentabilidade das empresas.

À medida que as empresas reconhecem a importância destes pilares, é fundamental apoiar e promover a liderança feminina, garantindo que mais mulheres tenham a oportunidade de liderar e influenciar positivamente o mundo dos negócios. Afinal, a liderança no feminino não é apenas uma questão de género; é acima de tudo uma questão de visão, valores e impacto duradouro.

Muito Obrigado, Salvador!

O último testemunho que poderia muito bem ser o primeiro é riquíssimo, a Linda , faz-nos um excelente resumo do que este livro aborda, deixando mensagens valiosíssimas para as mulheres:

LINDA PEREIRA
Empresária e especialista em comunicação & eventos

As mulheres em ascensão: nada vai voltar a ser igual porque a onda é imparável! – Uma visão pessoal

As mulheres portuguesas são brilhantes e muito corajosas no geral, mas também demasiado tolerantes, permitindo situações que já não são passíveis de serem toleradas. Tenho-me apercebido que conseguem milagres, quando se dedicam ao empreendedorismo São criativas, ambiciosas e destemidas. Têm no seu ADN a capacidade de dar a volta a todas as situações adversas. Criam negócios de suas paixões e dos seus talentos. Não desistem e estão presentes, liderando sempre com a mão no leme. É-lhes reconhecido uma capacidade inesgotável de energia... capacidade essa que muitas vezes faz com que as empresas as mantenham nos lugares de gestão e não as levem à liderança porque são confiáveis para levar a obra a bom porto.

As mulheres portuguesas deveriam ser um *case study*.

No entanto o machismo de países latinos é ainda mais perigoso porque é escondido, ciumento e invejoso. Considero o machismo charmoso e simpático em Portugal o maior impedimento ao avanço e desenvolvimento das mulheres nos negócios e na liderança. Não obstante os grandes avanços, o que é certo e incontestável é que os homens em Portugal estão sempre a controlar. É por isso então necessário compreender o sistema, fazer parte dele, mas não nos subordinarmos a ele e, acima de tudo, nunca perdermos a nossa energia, a capacidade de acreditar e a crença inabalável nas nossas capacidades. A minha energia vem de acreditar que sei fazer, que consigo fazer, que tenho o direito de fazer e que, como tal, vou fazer. Nunca me preocupo (em demasia) com a opinião que outros têm de mim, mas sim com a imagem que transmito. Sempre me rodeei de pessoas que estão na mesma missão do que eu e isso alimenta a minha energia que se renova diariamente. Há uma frase que me acompanha quando os estereótipos surgem no meu caminho:

"Be the kind of woman who, when your feet hit the floor in the morning, the devil says, 'Oh No, She's Up!" ("Seja o tipo de mulher que quando seus pés batem no chão todas as manhãs, o diabo diz: 'Oh, merda, ela acordou!")

As mulheres do nosso tempo criaram para si um padrão de excelência que é, muitas vezes, difícil de alcançar. O grau de tolerância de erro para os homens é muito maior do que para as mulheres. Mas elas contribuíram para isso. Elas estudam, trabalham a tempo inteiro, são gestoras do lar, são mães envolvidas e presentes, responsabilizam-se por pais e familiares de idade e, mesmo assim, arranjam tempo para ser bonitas, vistosas e, acima de tudo, generosas de espírito. Pois, mas tudo o que se leva ao extremo tem um preço. Muitas vezes esta dedicação à perseguição da perfeição em todas as áreas resulta em cansaço extremo, e não conheço uma amiga que não se queixe desse problema. Ou, por extensão, sofre o casamento ou sofrem elas mesmas mais tarde. A nossa sociedade ainda não apoia a mulher, nem na sua ambição profissional (bancos, seguradoras etc.) nem no seu papel social, criando as condições para que ela tenha opções. A sociedade é injusta com elas e, muitas vezes, em vez de empurrar a mudança de mindset, acaba por empurrar a uma mudança da mulher para se adaptar. Ainda temos uma sociedade que chama "bossy" às mulheres afirmativas, por exemplo... Eu costumo responder que não, não sou bossy, tenho é capacidades de liderança! Afinal o que é preciso é redefinir o que é o sucesso. O sucesso é uma palavra que me fascina porque o sucesso tem muitas caras. Para as mulheres então ainda mais. O sucesso para as mulheres não está ligado necessariamente ao lugar que ocupam nos negócios ou na empresa, mas a algo mais holístico. Conheço muitas líderes que não se consideram um sucesso porque a sua vida pessoal não correu bem. Mas se aqui limitarmos os parâmetros e nos focarmos no sucesso profissional, então, honestamente, considero que o sucesso consiste em estarmos onde queremos estar, termos chegado ao lugar onde imaginávamos chegar e continuarmos a querer ir mais além. A vida ensinou-me que não me devo levar demasiado a sério, mas devo fazer tudo de uma forma séria. E o melhor que posso fazer é partilhar o sucesso com outros. O sucesso é conseguir tornar as minhas ideias em realidade enquanto ganho o respeito daqueles que são mais importantes para mim. Em último grau para a maior parte das mulheres, o sucesso é que os filhos e os pais tenham orgulho em nós. O mantra do sucesso profissional é frágil. Seja onde for que chegou, pode sempre ir mais longe.

E no final de contas as mulheres são excelentes líderes porque comunicam eficazmente, além de terem infinitamente mais paciência e resiliência do que os homens. Os dois sexos têm virtudes complementares. Cada um tem capacidades e talentos únicos que servem a liderança. Há diferenças que se complementam. Numa organização liderada por uma mulher, a equipa, e especialmente a equipa das mulheres mais jovens, sente-se mais valorizada, mais reconhecida e mais confiante. Está documentado que as equipas geralmente aumentam a produtividade. Quando se lidera tem de se ter um sentido estratégico de percurso, mas também de criação de equipas que partilham a missão. O que as mulheres conseguem com muito mais facilidade. Criam culturas de empowerment e tudo o resto encaixa de imediato. Liderar de porta aberta e sem barreiras à comunicação. Focar nos drivers do negócio, ensinar a equipa como gerir e decidir sempre com justiça e objectividade. Criar uma cultura de fair play e encarar sempre os desafios de uma forma partilhada. Ou seja, encarar desafios e problemas, não com mentalidade de vítima e coitadinha, mas com um mindset de encontro da solução em equipa.

Estamos perante um novo feminismo

Estamos a testemunhar um *feminist Spring*. Os direitos das mulheres estão outra vez na frente de batalha... E não era sem tempo!

Estamos a testemunhar uma nova onda de feminismo que está a incendiar o mundo profissional. Há alguma coisa no ar, uma nova energia e um novo interesse nestes assuntos. No Reino Unido, os grupos de mulheres profissionais triplicaram desde 2012. As mulheres estão em maioria nas universidades, nos lugares médios de gestão, e estão a tomar controlo dos seus corpos, das suas vozes, das oportunidades, dos valores e da liberdade que em muito resultam das novas tecnologias e das redes sociais. Hoje há mais interesse feminino nos media, na política, na indústria etc.... E não o estão a fazer imitando os homens, mas sim "in their way"! Nem se tem conta do número de micro-movimentos de liderança que têm surgido. As mulheres ligaram o turbo. Exemplos como as artistas russas, Pussy Riot, hoje nomes que todos conhecemos, e a Malala, acordaram o mundo, o movimento MeToo e tantos, tantos outros. Com a conclusão de que os media vão cobrir o assunto, esta metodologia já foi adoptada pelo mundo, do México à Tunísia e à Alemanha. Estamos a viver momentos únicos. O activismo hoje é criativo, inclusivo e brinca de uma maneira séria para se tornar falado. Para as mulheres de hoje, isto parece o feminismo sobre o efeito de esteroides. A atitude é razoável e revolucionária. A internet permitiu que o feminismo de hoje não seja de biblioteca, de gabinete ou de parlamento, mas sim de trompeta!

Estas mulheres vão levar-nos até ao próximo nível da viagem: um mundo que valoriza as mulheres, onde as mulheres que nascem o fazem sabendo que vão ter as mesmas oportunidades e direitos de escolha, que aceitam os seus corpos, onde a violação é crime imperdoável e onde o ser humano é valorizado acima do dinheiro.

Muito Obrigada, Linda!

Espero que este livro tenha conseguido ajudar quem o leu e que se deixe entusiasmar pelo tema e que possa também ajudar na luta pela igualdade de género o mais rapidamente possível.

De acordo com os últimos dados do Fórum Mundial Económico, para a Europa, apenas daqui a 52 anos existirá igualdade de oportunidades entre os sexos, eu não estarei cá para assistir a esta tamanha conquista da humanidade, mas a leitora poderá estar.

Por último quero partilhar convosco o meu ***Manisfesto***

- Eu sou determinada;
- Eu vejo oportunidades e não problemas;
- Eu procuro a evolução contínua;
- Eu vejo o hoje e procuro o amanhã;

- Eu espalho solidariedade onde ela me chama;
- Eu sou voluntária porque gosto de contribuir para a sociedade;
- Eu sou empreendedora e quero ajudar as mulheres a se afirmarem;
- Eu sou destemida e amiga.

Eu sou a Maria João Antunes;

E agora desafio-a a escrever aqui o seu manifesto:

____

____

____

____

____

____

____

____

____

____

____

____

____.

Deixo o apelo de ***Saadia Zahidi***, diretora-executiva do Fórum Económico Mundial, no relatório de 2021.

"Se queremos uma economia futura dinâmica, é vital que as mulheres sejam representadas nos empregos de amanhã. Agora, mais do que nunca, é fundamental focar a atenção da liderança, comprometendo-se com metas firmes e mobilização de recursos. Este é o momento para incorporar a paridade de género ao projeto na recuperação",

"A liderança significa, acima de tudo, criar um caminho para as pessoas se juntarem e fazerem com que algo extraordinário aconteça"

Alan Keith Genentech

Eu sei que nem tudo vai ser relevante para si, aproveite o que melhor lhe servir, desejo-lhe os maiores sucessos, muita coragem, muita dedicação e nunca desista do seu sonho, nunca desista da felicidade!

BEM-HAJAM

Maria João Antunes

(Nota gostava imenso de saber se este livro lhe foi útil, se sim dê-me o seu *feedback* para o seguinte email: info@mariajoaoantunes.pt)

FONTES:

- Histórias do Mundo Por Rainer Gonçalves Sousa
- Centro de Direitos Humanos Faculdade de Direito Universidade de Coimbra
- Fernand Braudel – Escritos sobre a História
- Pierre Bourdieu e Roger Chartier – O sociólogo e o historiadorBAINES, John; MALIK, Jaromir.
- Cultural Atlas of Ancient Egypt. London: Andromeda Oxford Limited, 2008.
- Site da ONU
- DN Life 03/2020
- Jornal o SOL -09/ 2018
- Site da McKinsey
- Pordata
- INFORMA B&D de março 2023.
- Artigo do New York Times sobre uma visita à Ilha de Kihnu – artigo publicado em outubro 2019
- Reportagem da fotógrafa norueguesa Anne Helene, numa entrevista que deu à BBC sobre uma visita que fez uma visita à ilha de Kihnu
- Mdig- blog de entretenimento sobre Kihnu
- LIDERANÇA: A inteligência emocional na formação de líder de sucesso" - Daniel Golman
- L'Histoire des grands scientifiques français Eric Sartori

QUALITYMARK

Entre em sintonia com o conhecimento.

Qualitymark Editora Ltda.

(21) 98198-9089

(21) 98198-9843

sac@qualitymark.com.br

DADOS TÉCNICOS

Formato:	15,8 x 23 cm
Mancha:	12 x 19 cm
Fonte:	Velino Text Light
Corpo:	13
Entrelinhas	16
Total de Páginas:	216
1ª Edição	2024